Religión católica

PROYECTO SILOÉ

4 secundaria

Comunidad de Madrid

Con más Savia puedes disfrutar de recursos digitales y de un entorno donde estarás en contacto con tu profesor y con tus compañeros de clase.

Entrar en smmassavia.com es fácil

Escribe en internet la siguiente dirección: smmassavia.com

Regístrate e introduce el **número de licencia** que aparece en la página de la izquierda. Solo debes registrarte una vez.

Anota tu identificador y contraseña para que puedas entrar después de haberte registrado.

Si tienes alguna duda, puedes ponerte en contacto con nuestro Centro Integral de Atención al Cliente (CIAC).

ATENCIÓN AL CLIENTE
TEL.: 902 12 13 23 / 912 080 403
clientes@grupo-sm.com
www.grupo-sm.com

sm | PPC

CONOCE TU LIBRO

ENTRADA UNIDAD

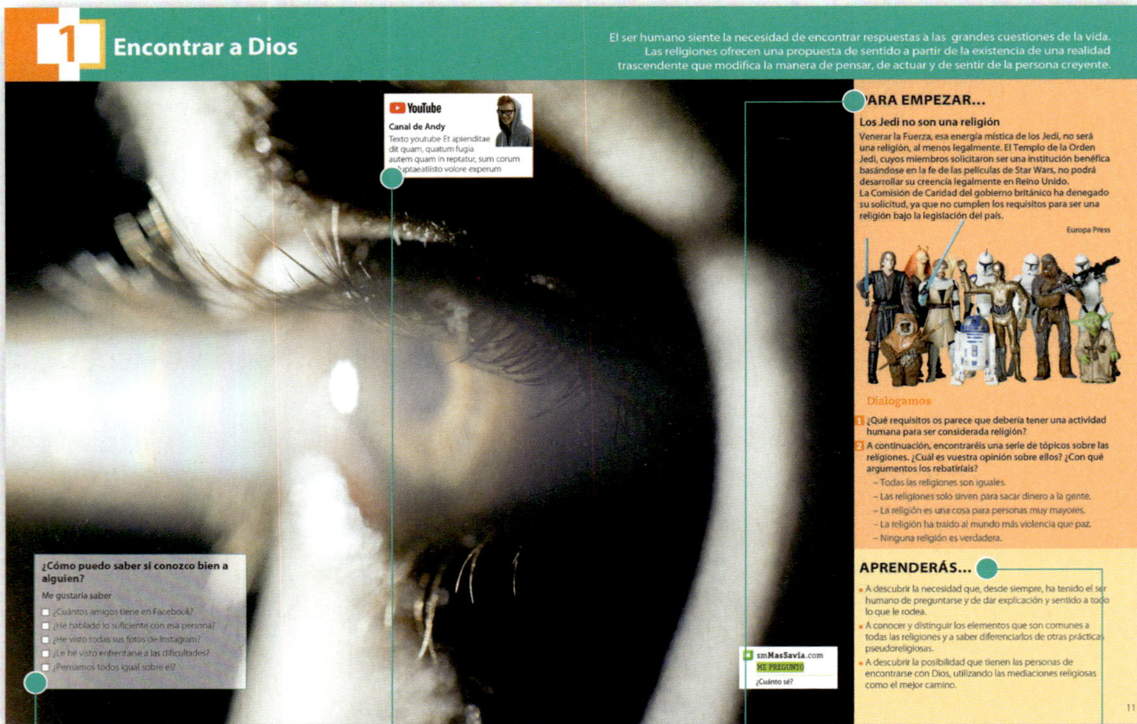

Test
Todas las unidades proponen un test para que el alumno se posicione personalmente.

Canal de YouTube
Un *youtuber* introduce los contenidos de la unidad.

PARA EMPEZAR
Actividad *cooperativa* que promueve el diálogo.

APRENDERÁS
Anticipa los contenidos que se trabajan en la unidad.

CLAVES PEDAGÓGICAS
- Puerta de entrada a los contenidos.
- Suscita el interés de los alumnos.
- Promueve el diálogo.
- Plantea interrogantes vitales.
- Detecta conocimientos previos.

DESARROLLO DE CONTENIDOS

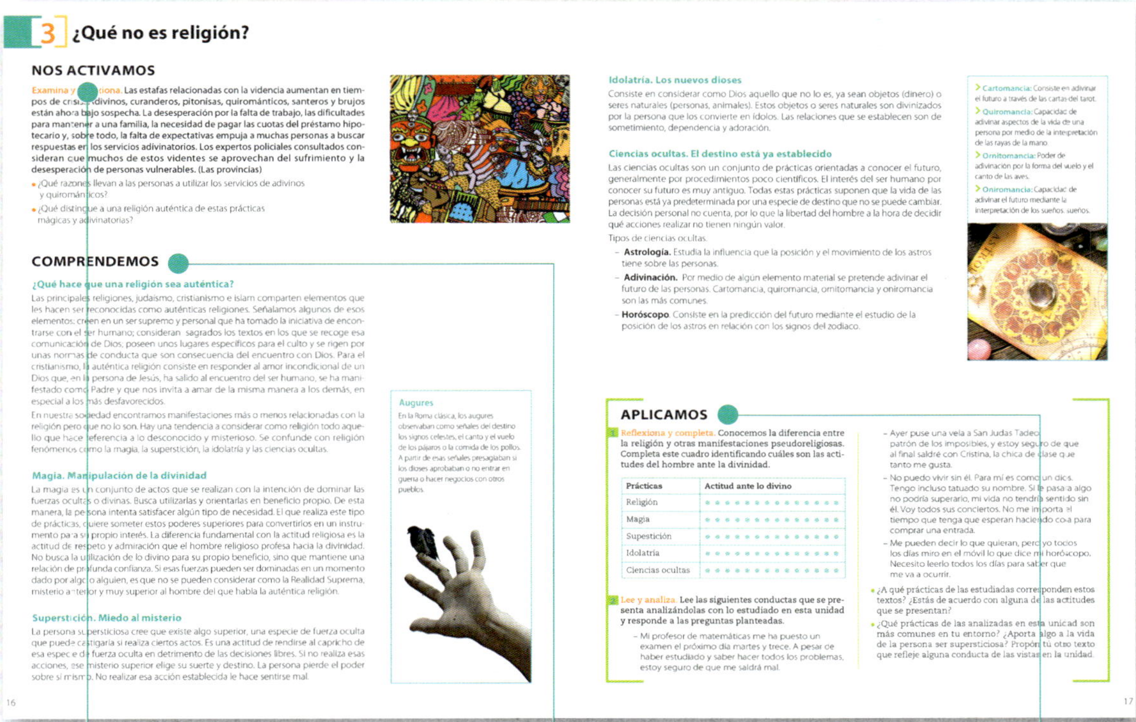

3 ¿Qué no es religión?

NOS ACTIVAMOS

Examina y reflexiona. **Las estafas relacionadas con la videncia aumentan en tiempos de crisis. Adivinos, curanderos, pitonisas, quirománticos, santeros y brujos están ahora bajo sospecha. La desesperación por la falta de trabajo, las dificultades para mantener a una familia, la necesidad de pagar las cuotas del préstamo hipotecario y, sobre todo, la falta de expectativas empuja a muchas personas a buscar respuestas en los servicios adivinatorios. Los expertos policiales consultados consideran que muchos de estos videntes se aprovechan del sufrimiento y la desesperación de personas vulnerables. (Las provincias)**

- ¿Qué razones llevan a las personas a utilizar los servicios de adivinos y quirománticos?
- ¿Qué distingue a una religión auténtica de estas prácticas mágicas y adivinatorias?

COMPRENDEMOS

¿Qué hace que una religión sea auténtica?

Las principales religiones, judaísmo, cristianismo e islam comparten elementos que les hacen ser reconocidas como auténticas religiones. Señalamos algunos de esos elementos: creen en un ser supremo y personal que ha tomado la iniciativa de encontrarse con el ser humano; consideran sagrados los textos en los que se recoge esa comunicación de Dios; poseen unos lugares específicos para el culto y se rigen por unas normas de conducta que son consecuencia del encuentro con Dios. Para el cristianismo, la auténtica religión consiste en responder al amor incondicional de un Dios que, en la persona de Jesús, ha salido al encuentro del ser humano, se ha manifestado como Padre y que nos invita a amar de la misma manera a los demás, en especial a los más desfavorecidos.

En nuestra sociedad encontramos manifestaciones más o menos relacionadas con la religión pero que no lo son. Hay una tendencia a considerar como religión todo aquello que hace referencia a lo desconocido y misterioso. Se confunde con religión fenómenos como la magia, la superstición, la idolatría y las ciencias ocultas.

Magia. Manipulación de la divinidad

La magia es un conjunto de actos que se realizan con la intención de dominar las fuerzas ocultas o divinas. Busca utilizarlas y orientarlas en beneficio propio. De esta manera, la persona intenta satisfacer algún tipo de necesidad. El que realiza este tipo de prácticas, quiere someter estos poderes superiores para convertirlos en un instrumento para su propio interés. La diferencia fundamental con la actitud religiosa es la actitud de respeto y admiración que el hombre religioso profesa hacia la divinidad. No busca la utilización de lo divino para su propio beneficio, sino que mantiene una relación de profunda confianza. Si esas fuerzas pueden ser dominadas en un momento dado por algo o alguien, es que no se pueden considerar como la Realidad Suprema, misterio anterior y muy superior al hombre del que habla la auténtica religión.

Superstición. Miedo al misterio

La persona supersticiosa cree que existe algo superior, una especie de fuerza oculta que puede castigarla si realiza ciertos actos. Es una actitud de rendirse al capricho de esa especie de fuerza oculta en detrimento de las decisiones libres. Si no realiza esas acciones, ese misterio superior elige su suerte y destino. La persona pierde el poder sobre sí mismo. No realizar esa acción establecida le hace sentirse mal.

Augures

En la Roma clásica, los augures observaban como señales del destino los signos celestes, el canto y el vuelo de los pájaros o la comida de los pollos. A partir de esas señales presagiaban si los dioses aprobaban o no entrar en guerra o hacer negocios con otros pueblos.

16

Idolatría. Los nuevos dioses

Consiste en considerar como Dios aquello que no lo es, ya sean objetos (dinero) o seres naturales (personas, animales). Estos objetos o seres naturales son divinizados por la persona que los convierte en ídolos. Las relaciones que se establecen son de sometimiento, dependencia y adoración.

Ciencias ocultas. El destino está ya establecido

Las ciencias ocultas son un conjunto de prácticas orientadas a conocer el futuro, generalmente por procedimientos poco científicos. El interés del ser humano por conocer su futuro es muy antiguo. Todas estas prácticas suponen que la vida de las personas está ya predeterminada por una especie de destino que no se puede cambiar. La decisión personal no cuenta, por lo que la libertad del hombre a la hora de decidir qué acciones realizar no tienen ningún valor.

Tipos de ciencias ocultas.

- **Astrología.** Estudia la influencia que la posición y el movimiento de los astros tiene sobre las personas.
- **Adivinación.** Por medio de algún elemento material se pretende adivinar el futuro de las personas. Cartomancia, quiromancia, ornitomancia y oniromancia son las más comunes.
- **Horóscopo**. Consiste en la predicción del futuro mediante el estudio de la posición de los astros en relación con los signos del zodiaco.

> **Cartomancia:** Consiste en adivinar el futuro a través de las cartas del tarot.
> **Quiromancia:** Capacidad de adivinar aspectos de la vida de una persona por medio de la interpretación de las rayas de la mano.
> **Ornitomancia:** Poder de adivinación por la forma del vuelo y el canto de las aves.
> **Oniromancia:** Capacidad de adivinar el futuro mediante la interpretación de los sueños. sueños.

APLICAMOS

1 **Reflexiona y completa.** **Conocemos la diferencia entre la religión y otras manifestaciones pseudoreligiosas. Completa este cuadro identificando cuáles son las actitudes del hombre ante la divinidad.**

Prácticas	Actitud ante lo divino
Religión	••••••••••••••
Magia	••••••••••••••
Supestición	••••••••••••••
Idolatría	••••••••••••••
Ciencias ocultas	••••••••••••••

2 **Lee y analiza.** **Lee las siguientes conductas que se presenta analizándolas con lo estudiado en esta unidad y responde a las preguntas planteadas.**

- Mi profesor de matemáticas me ha puesto un examen el próximo día martes y trece. A pesar de haber estudiado y saber hacer todos los problemas, estoy seguro de que me saldrá mal.
- Ayer puse una vela a San Judas Tadeo patrón de los imposibles, y estoy seguro de que al final saldré con Cristina, la chica de clase que tanto me gusta.
- No puedo vivir sin él. Para mí es como un dios. Tengo incluso tatuado su nombre. Si le pasa algo no podría superarlo, mi vida no tendría sentido sin él. Voy todos sus conciertos. No me importa el tiempo que tenga que esperan haciendo cola para comprar una entrada.
- Me pueden decir lo que quieran, pero yo todos los días miro en el móvil lo que dice mi horóscopo. Necesito leerlo todos los días para saber que me va a ocurrir.

- ¿A qué prácticas de las estudiadas corresponden estos textos? ¿Estás de acuerdo con alguna de las actitudes que se presentan?
- ¿Qué prácticas de las analizadas en esta unidad son más comunes en tu entorno? ¿Aporta algo a la vida de la persona ser supersticiosa? Propón tú otro texto que refleje alguna conducta de las vistas en la unidad.

17

NOS ACTIVAMOS

Actividad de motivación que conecta los intereses del alumno con los contenidos que se van a estudiar.

COMPRENDEMOS

Exposición clara y adaptada de los contenidos curriculares.

APLICAMOS

Evaluación de contenidos basada en un *enfoque competencial*.

CLAVES PEDAGÓGICAS

- Contenidos adaptados al nivel de los alumnos.
- Exposición clara y metodológicamente coherente:
  - NOS ACTIVAMOS
  - COMPRENDEMOS
  - APLICAMOS
- Contenidos ajustados para una sesión de aula de 45 minutos.

CONOCE TU LIBRO

APLICAMOS MÁS

CLAVES PEDAGÓGICAS

- Abordaje competencial de los contenidos aprendidos.
- Aplicación práctica de los contenidos.
- Promueve síntesis personales.
- Fomenta el pensamiento crítico.
- Valora la aportación de la religión en debates actuales.

RESUMIMOS

CLAVES PEDAGÓGICAS

- Síntesis de los contenidos esenciales.
- Referencias del magisterio que refuerzan y actualizan el aprendizaje.

EN LA CULTURA

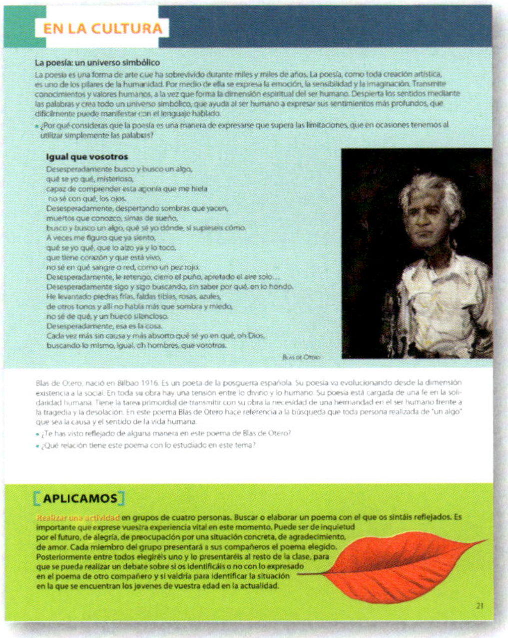
EN LA CULTURA

La poesía: un universo simbólico

Igual que vosotros

APLICAMOS

CLAVES PEDAGÓGICAS

- Reflejo en la cultura (pintura, arquitectura, cine, literatura, etc.) del tema de estudio.
- Fomento de la dimensión contemplativa
- Sugerencias de actividades artísticas.

EN LA BIBLIA

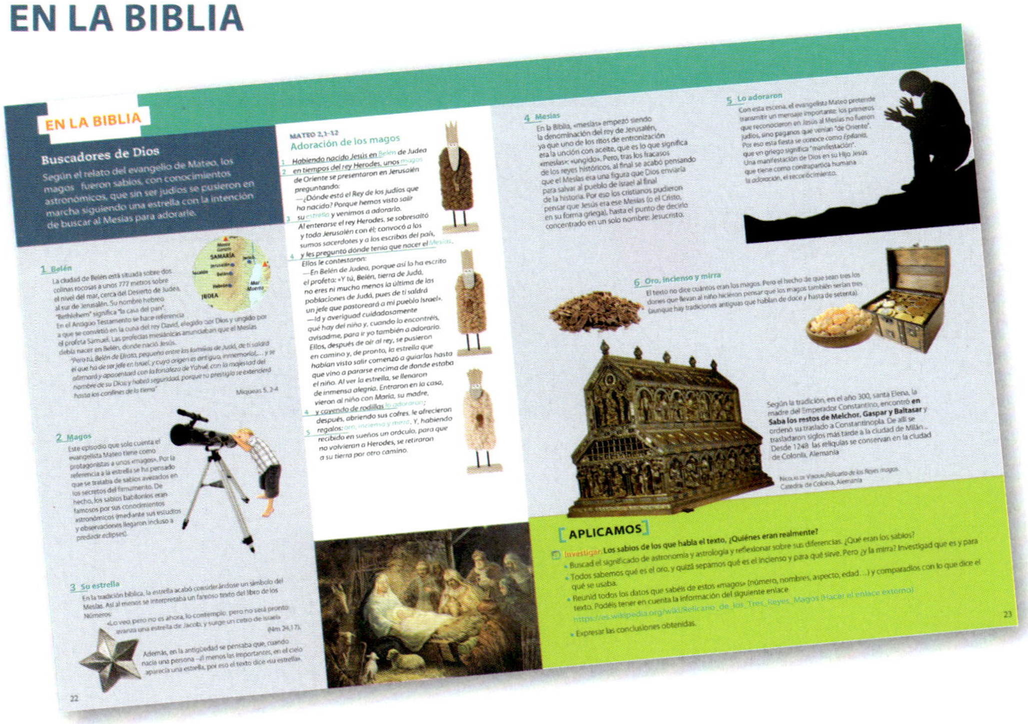
EN LA BIBLIA

Buscadores de Dios

Según el relato del evangelio de Mateo, los magos fueron sabios, con conocimientos astronómicos, que sin ser judíos se pusieron en marcha siguiendo una estrella con la intención de buscar al Mesías para adorarle.

APLICAMOS

CLAVES PEDAGÓGICAS

- Lectura de textos bíblicos esenciales.
- Referencias al contexto cultural de los alumnos.
- Curiosidades que despiertan el interés por acercarse a la Biblia.

ÍNDICE

APRENDIZAJE COOPERATIVO

- G: Lo haces todo en grupo.
- G I: Empiezas en grupo.
- I G: Empiezas tú solo.
- Dialogamos entre todos.

SIGLAS

AA Concilio Vaticano II, *Apostolicam actuositatem.* 18 de noviembre de 1965.
AG Concilio Vaticano II, *Ad gentes.* 7 de diciembre de 1965.
CA Juan Pablo II, *Centesimus annus.* 1 de mayo de 1991.
CHL Juan Pablo II, *Christifideles laici.* 30 de diciembre de 1988.
CIC Catecismo de la Iglesia Católica.
CDS Compendio de Doctrina Social de la Iglesia.
CV Benedicto XVI, *Caritas in veritate.* 29 de junio de 2009.
DCE Benedicto XVI, *Deus caritas est.* 25 de diciembre de 2005.
DH Concilio Vaticano II, *Dignitatis humanae.* 7 de diciembre de 1965.

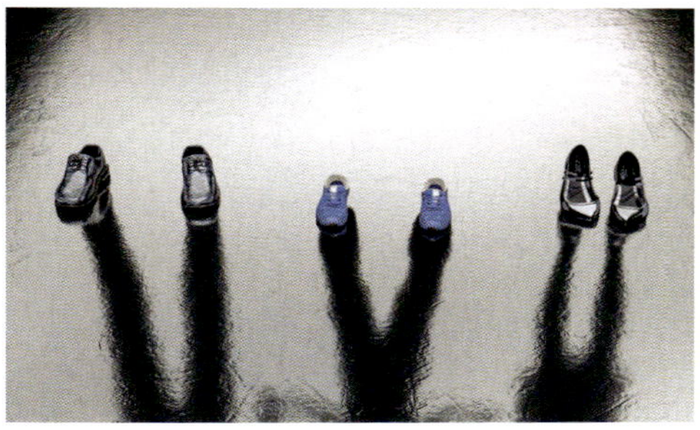

DR Pío XI, *Divini redemptoris*. 19 de marzo de 1937.
EG Francisco, *Evangelii gaudium*. 24 de noviembre de 2013.
EN Pablo VI, *Evangelii nuntiandi*. 8 de diciembre de 1975.
EV Juan Pablo II, *Evangelium vitae*. 25 de marzo de 1995.
FC Juan Pablo II, *Familiaris consortio*. 22 de noviembre de 1981.
GS Concilio Vaticano II, *Gaudium et spes*. 7 de diciembre de 1965.
LE Juan Pablo II, *Laborem exercens*. 14 de septiembre de 1981.
LG Concilio Vaticano II, *Lumen gentium*. 21 de noviembre de 1964.
LS Francisco, *Laudato si´*. 24 de mayo de 2015.
MM Juan XXIII, *Mater et magistra*. 15 de mayo de 1961.
NA Concilio Vaticano II, *Nostra aetate*. 28 de octubre de 1965.
OA Pablo VI, *Octogesima adveniens*. 14 de mayo de 1971.
OT Concilio Vaticano II, *Optatam totius*. 20 de octubre de 1965.
PIB Producto Interior Bruto.
PP Pablo VI, *Populorum progressio*. 26 de marzo de 1967.
PT Juan XXIII, *Pacem in terris*. 11 de abril de 1963.
QA Pío XI, *Quadragesimo anno*. 15 de mayo de 1931.
RH Juan Pablo II, *Redemptor hominis*. 4 de marzo de 1979.
RN León XIII, *Rerum novarum*. 15 de mayo de 1891.
SRS Juan Pablo II, *Sollicitudo rei socialis*. 30 de diciembre de 1987.

BLOQUE 1

El sentido religioso del ser humano

1 Encontrar a Dios

YouTube

¿La religión es una manera de estar y de entender la existencia? ¿Qué cosas nos unen realmente a la vida?

¿Cómo puedo saber si conozco bien a alguien?

Me gustaría saber:

- ☐ ¿Cuántos amigos tiene en Facebook?
- ☐ ¿He hablado lo suficiente con esa persona?
- ☐ ¿He visto todas sus fotos de Instagram?
- ☐ ¿Le he visto enfrentarse a las dificultades?
- ☐ ¿Pensamos todos igual sobre él?

El ser humano siente la necesidad de encontrar respuestas a las grandes cuestiones de la vida. Las religiones ofrecen una propuesta de sentido a partir de la existencia de una realidad trascendente que modifica la manera de pensar, de actuar y de sentir de la persona creyente.

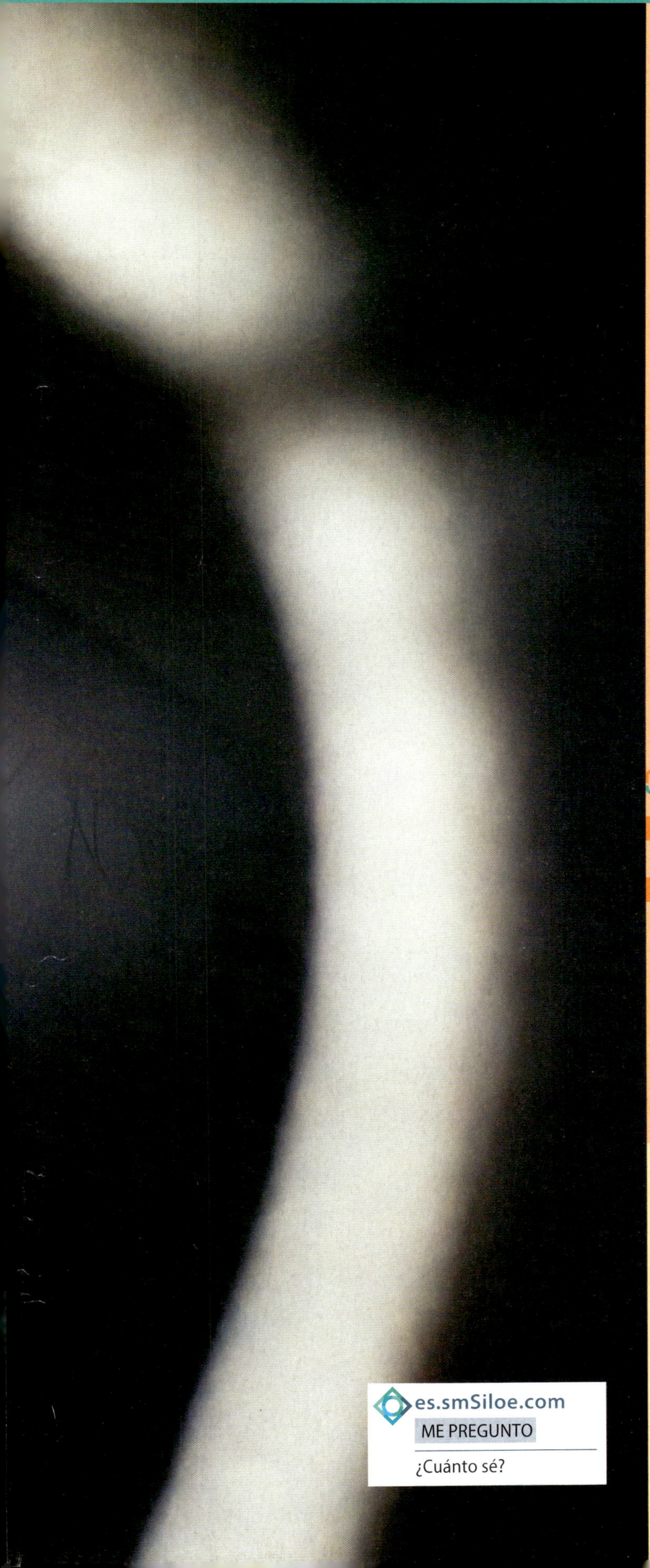

es.smSiloe.com
ME PREGUNTO
¿Cuánto sé?

PARA EMPEZAR...

Los *jedi* no son una religión

Venerar la Fuerza, esa energía mística de los *jedi*, no será una religión, al menos legalmente. El Templo de la Orden Jedi, cuyos miembros solicitaron ser una institución benéfica basándose en la fe de las películas de *Star Wars,* no podrá desarrollar su creencia legalmente en el Reino Unido.
La Comisión de Caridad del Gobierno británico ha denegado su solicitud, ya que no cumplen los requisitos para ser una religión bajo la legislación del país.

Europa Press

Dialogamos

1 ¿Qué requisitos os parece que debería tener una actividad humana para ser considerada religión?

2 A continuación, encontraréis una serie de tópicos sobre las religiones. ¿Cuál es vuestra opinión sobre ellos? ¿Con qué argumentos los rebatiríais?

- Todas las religiones son iguales.
- Las religiones solo sirven para sacar dinero a la gente.
- La religión es una cosa para personas muy mayores.
- La religión ha traído al mundo más violencia que paz.
- Ninguna religión es verdadera.

APRENDERÁS...

- A descubrir la necesidad que, desde siempre, ha tenido el ser humano de formularse preguntas y de dar explicación y sentido a todo lo que le rodea.
- A conocer y distinguir los elementos que son comunes a todas las religiones y a saber diferenciarlos de otras prácticas pseudorreligiosas.
- A descubrir la posibilidad que tienen las personas de encontrarse con Dios, utilizando las mediaciones religiosas como el mejor camino.

1 Buscadores de Dios

NOS ACTIVAMOS

Piensa y contesta. Un estudio del Pew Research Center (EE. UU.), que reunió datos de 230 países y analizó más de 2500 censos, concluyó que el 84 % de los habitantes del mundo, unos 5800 millones del total de 6900 millones, creen en Dios.

- ¿Habías pensado alguna vez en el número de creyentes que hay en el mundo?
- ¿Por qué crees que hoy los seres humanos siguen siendo mayoritariamente creyentes?
- ¿Las personas siguen ciegamente, sin cuestionarse nada, la religión de la sociedad en la que han nacido?

COMPRENDEMOS

La admiración da origen a las preguntas por el sentido

El ser humano ha sentido siempre la necesidad de comprender el origen, la naturaleza y la finalidad de las cosas que le rodean y de algunos acontecimientos importantes. Numerosos indicios arqueológicos ofrecen evidencias de la existencia de una profunda actitud religiosa en el ser humano primitivo: fabrica amuletos de fecundidad, celebra danzas rituales, adorna las cuevas con pinturas de animales, ofrece sacrificios, realiza enterramientos, etc. Estos comportamientos son un intento por superar las situaciones que más le impresionan, fascinan o atemorizan en su relación con el universo y con la naturaleza, como, por ejemplo, el nacimiento, la enfermedad y la muerte. Desde sus orígenes, el ser humano ha mantenido una actitud de apertura a la **trascendencia**.

VOCABULARIO

trascendencia: hace referencia a todo aquello que tiene una naturaleza divina. El concepto no está referido a algo reconocible en el mundo material y finito, sino que, por el contrario, forma parte de lo inmaterial y lo infinito. Este término se atribuye principalmente a Dios.

La religión. Encuentro del ser humano con Dios

El ser humano ha deseado libremente poder encontrarse con ese misterio fascinante que le da sentido y responde a sus preguntas más profundas. Para ello se ha servido de la religión.

La religión es una realidad humana que tiene su origen en el reconocimiento por parte del ser humano de una realidad suprema a la que se entrega voluntariamente. El ser humano cree que la relación con esa realidad suprema dará sentido a su vida, al conjunto de la realidad que le rodea y al curso de la historia. Confía en que esta relación le traerá la salvación y la felicidad.

Solo la especie humana puede tener religión, ya que esta exige la libertad y la consciencia de uno mismo y de un ser supremo distinto de él. Esa realidad suprema, que se presenta como misterio, se designa habitualmente con el nombre de Dios.

Elementos comunes que tiene toda religión

Toda religión tiene tres elementos fundamentales que la constituyen y sin los cuales no se podría considerar una auténtica religión.

> **Dios.** Es el primer elemento que encontramos en todas las religiones. Se entiende por Dios una realidad eterna, anterior y muy superior al ser humano.

- Se hace presente en todo aquello que se denomina sagrado y que está envuelto por el misterio.
- No se puede confundir con una idea o un concepto.
- No es un simple deseo o invención concebidos por el ser humano.
- Es una presencia real, aunque indemostrable científicamente.
- La persona religiosa puede mantener una relación personal con él.

Ídolo cruciforme de Tíjola (Almería). Utilizado para el culto religioso en la época neolítica.
Museo Arqueológico Nacional, Madrid.

> Mediaciones. El encuentro con Dios afecta a lo más profundo de la persona religiosa. Para poder salvar la distancia que lo separa de la divinidad, el ser humano se ayuda de las mediaciones. Se entiende por mediación todas aquellas acciones que realiza el creyente para ponerse en contacto con lo divino.

Cada religión tiene unas mediaciones concretas que poseen unos rasgos comunes.

- Encontrarse con Dios acudiendo a lugares sagrados (templos, montañas, ríos…).
- Participar en determinadas ceremonias (fiestas, celebraciones, ritos…).
- Comportarse según el deseo de Dios (normas, leyes, mandamientos…).
- Encontrarlo en el silencio para manifestarle las necesidades, agradecerle sus acciones y descubrir su voluntad (oración, meditación, contemplación…).
- Descubrirlo a través de la lectura de su palabra escrita (Biblia, Corán, Tanaj…).
- Encontrarse con Dios a través de personas que tienen la misión especial de ser intermediarios de la divinidad (sacerdotes, imanes, rabinos…).

> Actitud religiosa. Para que exista religión es necesario que haya una persona que reconozca la existencia de Dios y que decida con total libertad entrar en relación con él. Lo más importante de la persona religiosa es aceptar y reconocer a Dios como aquel que da sentido a su vida, a todo lo que la rodea, y con el que puede mantener una relación personal.

Tipos de religiones

Tradicionales
- Politeístas o panteístas
- De culturas o civilizaciones primitivas
- Muy ligadas a la naturaleza

Extremo Oriente
- Vinculadas a la interioridad
  - Hinduismo
  - Budismo
  - Confucionismo
  - Taoísmo
  - Sintoísmo

Monoteístas
- Manifestación y presencia de Dios en la historia
  - Judaísmo
  - Cristianismo
  - Islam

APLICAMOS

1 Lee y completa.

Moisés apacentaba el rebaño de Jetró su suegro, sacerdote de Madián. Pastoreando con el rebaño llegó a Horeb, el monte de Dios. Y se le apareció el ángel del Señor en una llama de fuego, en medio de una zarza. Moisés miró, y vio que la zarza ardía, pero no se consumía. Entonces dijo Moisés: "Me acercaré para contemplar esta maravilla y ver por qué la zarza no se consume". Cuando el Señor vio que se acercaba para mirar, le llamó desde la zarza:

—¡Moisés, Moisés!

Él respondió:

—Aquí estoy.

Dios le dijo:

—No te acerques: quítate las sandalias de tus pies, porque el lugar que pisas es sagrado.

Y añadió:

—Yo soy el Dios de tu padre, el Dios de Abraham, el Dios de Isaac y el Dios de Jacob.

Entonces Moisés cubrió su rostro, porque temía mirar a Dios. El Señor dijo:

—He visto la aflicción de mi pueblo en Egipto, he escuchado su clamor a causa de sus opresores y conozco sus sufrimientos. He descendido para liberarlos del poder de los egipcios, y sacarlos de aquella tierra para llevarlos a una tierra buena y espaciosa, a una tierra que mana leche y miel. […] Te envío al Faraón, para que saques a mi pueblo, los hijos de Israel, de Egipto.

Moisés dijo:

—¿Quién soy yo para ir a Faraón, y sacar de Egipto a los israelitas?

Dios le respondió:

—Yo estaré contigo, y esta es la señal de que yo te he enviado: cuando hayas sacado al pueblo de Egipto, me daréis culto en este monte.

Ex 3,1-12

Giovani Cateni, *La zarza del Horeb*. Museo del Prado, Madrid.

- Describe los tres rasgos propios de la religión en el encuentro de Moisés con Dios.

	Rasgos
Dios	● ● ● ● ● ● ● ● ● ● ● ● ● ●
Mediaciones	monte moices ● ● ● ● ● ● ● ● ● ● ● ● ● ●
Actitud religiosa	● ● ● ● ● ● ● ● ● ● ● ● ● ●

2 Las mediaciones religiosas

El Templo de Debod, ubicado en Madrid, tiene más de 2.000 años de historia. En un principio, estaba dedicado al dios Amón, padre de todos los dioses.

NOS ACTIVAMOS

Razona y deduce. La comunicación es algo totalmente necesario en el ser humano. No podríamos vivir de la forma en la que lo hacemos si no pudiéramos comunicarnos. Nos comunicamos para transmitir información, sentimientos, pensamientos y cualquier aspecto que afecte a la vida del ser humano. El lenguaje es el medio que utilizamos para poder entendernos y relacionarnos unos con otros. Para relacionarnos con Dios tenemos que utilizar un lenguaje con el que poder entendernos con él. Lo hacemos por medio de las mediaciones.

- Imagínate cómo sería tu vida si nadie entendiese lo que dices. ¿Cómo te sentirías?
- ¿Qué lenguaje crees que utilizan los creyentes para comunicarse con Dios?

COMPRENDEMOS

Las mediaciones son los elementos o lenguajes que la persona religiosa utiliza para encontrarse con la divinidad. El creyente las practica para vivir y actualizar su experiencia de Dios, para mantener un encuentro personal con él, y, finalmente, para transformar su vida. Toda religión tiene diferentes formas de mediaciones.

Mitos y relatos. Respuestas a las preguntas de sentido

Dios se convierte en el elemento central de la vida de la persona que desarrolla su actitud religiosa, que busca en su relación con Dios la respuesta a las preguntas sobre el origen y sobre todo lo que existe. El mito surge con la función de responder a estas preguntas: ¿qué hay después de la muerte?, ¿de dónde viene el mundo?, ¿cómo surge la vida? El mito religioso lo podemos definir como un relato, situado en un tiempo remoto, en el que aparece la divinidad como un personaje más junto a los seres humanos y a otros elementos naturales. La finalidad del mito es explicar la causa y la finalidad de todo lo que existe. Se diferencian varios tipos de mitos.

- **Cosmogónicos.** Intentan explicar la creación del mundo como un acto de Dios.
- **Antropogónicos.** Narran la aparición del ser humano, creado por Dios.
- **Morales.** Explican la existencia del bien y el mal. El mal será lo opuesto a Dios.
- **Fundacionales.** Cuentan la fundación de ciudades por voluntad de los dioses.
- **Escatológicos.** Anuncian el futuro y el fin del mundo. Dios aparece en estos mitos como juez y señor.

Ritos. Presencia de Dios en la vida de los creyentes

Los ritos son acciones de carácter simbólico que se repiten siempre del mismo modo. Dentro de las religiones, los ritos tienen la función de hacer presentes acciones divinas que ocurrieron en el pasado y que ponen en contacto a la persona con la divinidad.

Las acciones divinas se reproducen en acciones celebrativas y festivas dirigidas por personas especializadas en ellas. Existen diferentes tipos de ritos.

- **Iniciación.** Se utilizan de forma particular para expresar la transición de la persona de un estado de vida a otro que ella elige libremente. En las religiones sirven para que la persona creyente forme parte de pleno derecho de una religión concreta y pueda participar en sus celebraciones y actos propios.
- **Fenómenos naturales.** Son ritos que se utilizan para que los dioses cuiden las cosechas y las protejan de posibles daños naturales (vientos, tormentas…).
- **Purificación.** Ritos que se celebran para recibir el perdón de los dioses. Se suele utilizar el agua como elemento simbólico más importante (baños rituales, bautismos). Limpian al individuo de su culpa y lo hacen digno ante la divinidad.

Antiguo dios con alas asirio tallado en piedra. Babil (Irak).

- **Consagración.** Ritos que se utilizan para recibir la bendición de Dios sobre personas de especial importancia (reyes, sacerdotes…) o lugares (templos).
- **Conmemoración.** Ritos que se realizan en recuerdo de acontecimientos, momentos especiales, días singulares en los que Dios ha tenido un protagonismo o intervención especial. Por medio de ellos la persona creyente revive y actualiza la acción liberadora de Dios.
- **Acción de gracias.** Ritos de agradecimiento a Dios por todo lo bueno que el ser humano ha recibido de él (salir de una enfermedad, protección ante un peligro, buenas cosechas, reestablecer una relación…).

Oración. Encuentro personal con Dios

La oración es la expresión religiosa más típica. La persona religiosa dirige su pensamiento, su corazón y todo su ser hacia Dios. Siente la presencia de Dios en su interior y se dirige a él en el silencio y en la intimidad. El tipo de lenguaje propio de las oraciones es poético, simbólico y profundo.

Moral. Comportamiento conforme a la voluntad de Dios

La relación de la persona creyente con Dios lleva a una transformación personal. La persona religiosa modifica su conducta y actúa en su vida según aquello que Dios le pide; se siente transformada por esa relación con Dios. En todas las religiones encontramos un conjunto de normas de conducta que han sido establecidas por Dios y que responden a lo que la divinidad quiere del ser humano. La religión no se puede reducir exclusivamente a la moral: es algo mucho más completo y enriquecedor.

Diferentes tipos de oración

- **Bendición.** Es una oración en la que se pide la bendición de Dios sobre una persona, una cosa o una acción.
- **Adoración.** El creyente reconoce que es criatura de Dios y reconocerá humildemente a Dios como todopoderoso.
- **Petición.** Es el tipo de oración en el que la persona religiosa presenta ante Dios sus necesidades más importantes con la intención de recibir la ayuda divina.
- **Intercesión.** El creyente presenta ante Dios las necesidades que otras personas pueden tener. Espera también que estas reciban la ayuda y el auxilio de Dios.
- **Acción de gracias.** La persona religiosa agradece a Dios todas las cosas que recibe de él.
- **Alabanza.** El creyente expresa espontáneamente su alegría por el encuentro con Dios, que le libera y salva.

APLICAMOS

IG **1** Lee y responde.

- El Sol dominó el día, entrando triunfalmente en la bóveda celeste por una puerta que se abría a un lado del cielo y saliendo en el ocaso por una puerta opuesta; la Luna gobernó la noche e impidió con su resplandor que la oscuridad se adueñase de ella. Finalmente, Marduk trenzó sobre la superficie del océano un vasto cañizo, lo cubrió de polvo y greda, y formó así la tierra, con las montañas, los valles y los ríos, que muy pronto verdeó de plantas.

Marduk, creador del cielo y la tierra. Mitología mesopotámica

- Su sudor cayó en forma de lluvia y las pequeñas criaturas que poblaban su cuerpo, llevadas por el viento, se convirtieron en los seres humanos.

Pangu. Creador de la humanidad. Mitología china

- En Etiopía, un hombre hamar debe pasar por encima de hasta 30 cabezas de ganado cuatro veces sin caerse. Si lo consigue, se convierte en *maza*: hombres que han superado con éxito la prueba para pertenecer plenamente a la tribu.
- No tomarás el Nombre de Dios en vano. Santificarás las fiestas. Honrarás a tu padre y a tu madre. No matarás.
- *Te doy gracias, Señor, de todo corazón; delante de los ángeles tañeré para ti, me postraré hacia tu santuario, daré gracias a tu nombre: por tu misericordia y tu lealtad, porque tu promesa supera a tu fama; cuando te invoqué, me escuchaste, acreciste el valor en mi alma.*

Sal 137

- ¿Con qué mediación de las estudiadas se relaciona cada uno de los textos?
- Describe algún tipo de mediación que conozcas y que sea común en el lugar en el que vives.

3 ¿Qué no es religión?

NOS ACTIVAMOS

Examina y reflexiona. "Las estafas relacionadas con la videncia aumentan en tiempos de crisis. Adivinos, curanderos, pitonisas, quirománticos, santeros y brujos están ahora bajo sospecha. La desesperación por la falta de trabajo, las dificultades para mantener a una familia, la necesidad de pagar las cuotas del préstamo hipotecario y, sobre todo, la falta de expectativas empujan a muchas personas a buscar respuestas en los servicios adivinatorios. Los expertos policiales consultados consideran que muchos de estos videntes se aprovechan del sufrimiento y la desesperación de personas vulnerables". (*Las Provincias*)

- ¿Qué razones llevan a las personas a utilizar los servicios de adivinos y quirománticos?
- ¿Qué distingue a una religión auténtica de estas prácticas mágicas y adivinatorias?

COMPRENDEMOS

¿Qué hace que una religión sea auténtica?

Las principales religiones (judaísmo, cristianismo e islam) comparten elementos que las hacen reconocibles como auténticas religiones, algunos de esos elementos son los siguientes: creen en un ser supremo y personal que ha tomado la iniciativa de encontrarse con el ser humano; consideran sagrados los textos en los que se recoge esa comunicación de Dios; poseen unos lugares específicos para el culto y se rigen por unas normas de conducta que son consecuencia del encuentro con Dios. Para el cristianismo, la auténtica religión consiste en responder al amor incondicional de un Dios que, en la persona de Jesús, ha salido al encuentro del ser humano, se ha manifestado como padre y nos invita a amar de la misma manera a los demás, en especial a los más desfavorecidos.

En nuestra sociedad encontramos manifestaciones más o menos relacionadas con la religión pero que no lo son. Hay una tendencia a considerar como religión todo aquello que hace referencia a lo desconocido y misterioso. Se confunden con religión fenómenos como la magia, la superstición, la idolatría y las ciencias ocultas.

Magia. Manipulación de la divinidad

La magia es un conjunto de actos que se realizan con la intención de dominar las fuerzas ocultas o divinas. Busca utilizarlas y orientarlas en beneficio propio. De esta manera, la persona intenta satisfacer algún tipo de necesidad. El que realiza este tipo de prácticas quiere someter estos poderes superiores para convertirlos en un instrumento para su propio interés. La diferencia fundamental con la actitud religiosa está en el respeto y admiración que la persona religiosa profesa hacia la divinidad. No busca la utilización de lo divino para su propio beneficio, sino que mantiene una relación de profunda confianza. Si esas fuerzas pueden ser dominadas en un momento dado por algo o alguien, es que no se pueden considerar como la realidad suprema, misterio del que habla la auténtica religión, anterior y muy superior al individuo.

Superstición. Miedo al misterio

La persona supersticiosa cree que existe algo superior, una especie de fuerza oculta que puede castigarla si realiza ciertos actos. Es una actitud de rendirse al capricho de esa especie de fuerza oculta en detrimento de las decisiones libres. Si no ejecuta esas acciones, ese misterio superior elige su suerte y destino. La persona pierde el poder sobre sí misma. No efectuar esa acción establecida hace que se sienta mal.

Augures

En la Roma clásica, los augures observaban como señales del destino los signos celestes, el canto y el vuelo de los pájaros o la comida de los pollos. A partir de esas señales presagiaban si los dioses aprobaban o no entrar en guerra o hacer negocios con otros pueblos.

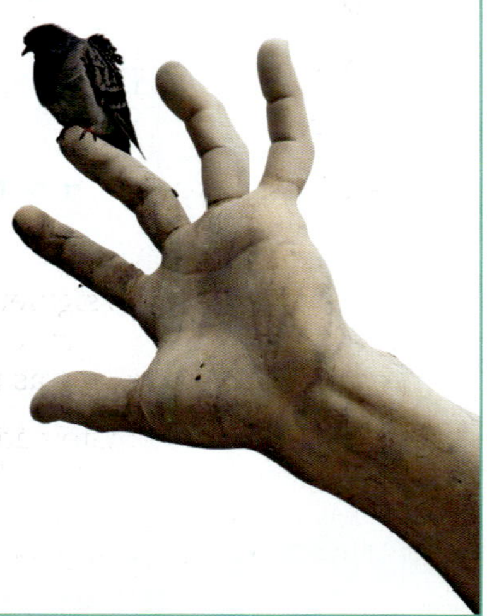

Idolatría. Los nuevos dioses

La idolatría consiste en considerar como Dios aquello que no lo es, ya sean objetos (dinero) o seres naturales (personas, animales). Estos objetos o seres naturales son divinizados por la persona que los convierte en ídolos. Las relaciones que se establecen son de sometimiento, dependencia y adoración.

Ciencias ocultas. El destino está ya establecido

Las ciencias ocultas son un conjunto de prácticas orientadas a conocer el futuro, generalmente por procedimientos poco científicos. El interés del ser humano por conocer su futuro es muy antiguo. Todas estas prácticas suponen que la vida de las personas está ya predeterminada por una especie de destino que no se puede cambiar. La decisión personal no cuenta, por lo que la libertad del individuo a la hora de decidir qué acciones realizar no tiene ningún valor.

Tipos de ciencias ocultas.

- **Astrología.** Estudia la influencia que la posición y el movimiento de los astros tienen sobre las personas.
- **Adivinación.** Por medio de algún elemento material se pretende adivinar el futuro de las personas. Cartomancia, quiromancia, ornitomancia y oniromancia son las más comunes.
- **Horóscopo.** Consiste en la predicción del futuro mediante el estudio de la posición de los astros en relación con los signos del zodiaco.

> **Cartomancia.** Consiste en adivinar el futuro a través de las cartas del tarot.
>
> **Quiromancia.** Capacidad de adivinar aspectos de la vida de una persona por medio de la interpretación de las rayas de la mano.
>
> **Ornitomancia.** Poder de adivinación por la forma del vuelo y el canto de las aves.
>
> **Oniromancia.** Capacidad de adivinar el futuro mediante la interpretación de los sueños.

APLICAMOS

1 Reflexiona y completa. Conocemos la diferencia entre la religión y otras manifestaciones pseudorreligiosas. Completa este cuadro identificando cuáles son las actitudes del ser humano ante la divinidad.

Prácticas	Actitud ante lo divino
Religión	●●●●●●●●●●●●●●
Magia	●●●●●●●●●●●●●●
Superstición	●●●●●●●●●●●●●●
Idolatría	●●●●●●●●●●●●●●
Ciencias ocultas	●●●●●●●●●●●●●●

2 Lee y analiza. Lee las siguientes conductas que se presentan, analízalas según lo estudiado en esta unidad y responde a las preguntas planteadas.

- Mi profesor de matemáticas me ha puesto un examen el próximo día martes y trece. A pesar de haber estudiado y saber hacer todos los problemas, estoy seguro de que me saldrá mal.
- Ayer puse una vela a san Judas Tadeo, patrón de los imposibles, y estoy seguro de que al final saldré con Cristina, la chica de clase que tanto me gusta.
- No puedo vivir sin él. Para mí es como un dios. Tengo incluso tatuado su nombre. Si le pasara algo no podría superarlo, mi vida no tendría sentido sin él. Voy a todos sus conciertos. No me importa el tiempo que tenga que esperar haciendo cola para comprar una entrada.
- Me pueden decir lo que quieran, pero yo todos los días miro en el móvil lo que dice mi horóscopo. Necesito leerlo para saber qué me va a ocurrir.

• ¿A qué prácticas de las estudiadas corresponden estos textos? ¿Estás de acuerdo con alguna de las actitudes que se presentan?

• ¿Qué prácticas de las analizadas en esta unidad son más comunes en tu entorno? ¿Aporta algo a la vida de la persona ser supersticiosa? Propón tú otro texto que refleje alguna conducta de las vistas en la unidad.

APLICAMOS más

1 Buscadores de Dios

Hay personas que consideran que la religión no tiene cabida en nuestro mundo, que es algo del pasado y que ya no presta ningún servicio a la humanidad y ni a la sociedad.

El papel de la religión en el mundo actual

Es posible recuperar el fondo positivo de las religiones como fuente de sentido y esperanza. Las siguientes serían algunas de sus aportaciones.

1. La religión dice que Dios existe; y eso es una buena noticia. Es, por tanto, fuente de sentido y esperanza. Porque si Dios no existe, no hay ninguna posibilidad de redimir la injusticia de la historia.
2. "El hombre es imagen de Dios". Por tanto, está revestido de dignidad intrínseca y le pertenecen derechos por el mero hecho de ser persona.
3. La relación entre las personas es altruista "porque el otro es importante". No se debe a un "contrato social", hay una motivación más profunda.
4. La religión mueve a acción positiva por gratuidad y altruismo, no por normas legales escritas. Mueve el corazón humano para lo bueno.
5. Impulsos positivos en la comunidad: cuidado de la creación como herencia de todos; énfasis en el amor altruista, la gratuidad y la felicidad.
6. Sentido de la vida ahora y fuente de esperanza para el futuro. "Tiene que haber un mañana" (Max Horkheimer). Lo que se hace hoy permanece después de la muerte. La religión es la única esperanza de que el sufrimiento se acabe para siempre.
7. Los pobres pasan a un primer plano. La religión trabaja ahora contra el sufrimiento. No es "opio del pueblo".

ADELA CORTINA

GI **1 Lee y contesta.**

- ¿Cuál de los aspectos resaltados en este artículo consideras que es la aportación más importante de la religión a la sociedad?
- ¿Piensas que si no hubiera religión las relaciones entre los seres humanos serían iguales?

2 Las mediaciones religiosas

En nuestros pueblos y ciudades celebramos a lo largo del año muchas festividades. En algunas ocasiones olvidamos su origen o significado. Muchas de ellas están íntimamente unidas a la experiencia religiosa de personas que quisieron hacer presente a Dios en su vida y en su día a día.

1 Después de leer el texto propuesto contesta a las siguientes preguntas.

¿Por qué se celebra el Día de Acción de Gracias en EE. UU.?

Esta tradición estadounidense surgió en 1621 cuando un grupo de colonos de Plymouth, actual estado de Massachusetts, compartieron una comida con los indios wampanoag para celebrar la cosecha del otoño y agradecerles que les hubieran enseñado técnicas de cultivo y caza. El gobernador de la colonia de peregrinos Plymouth Plantation, en Massachusetts, declaró: "Todos vosotros, peregrinos, con vuestras esposas e hijos, congregaos en la casa comunal, en la colina, para dar gracias a Dios todopoderoso por todas sus bendiciones". Los indios llevaron carne de ciervo para asar y pavos; por su parte, los colonos habían aprendido cómo cocinar los arándanos y prepararon las diferentes clases de grano.

En 1789, George Washington presentó un Acuerdo al Congreso para festejar un día nacional de "dar gracias y oración pública" . En la proclamación correspondiente, Washington instó a los americanos a dar gracias a Dios por su protección, por la victoria en la lucha, por la libertad y por la paz y prosperidad en el nuevo país.

- ¿Dónde tiene su origen la fiesta de Acción de Gracias?
- ¿Tiene alguna relación con las mediaciones religiosas?
- ¿Consideras que es importante que se recuerden por medio de celebraciones y ritos los orígenes de un pueblo y la relación de este con Dios?

3 ¿Qué no es religión?

El deseo natural del ser humano de conocer el futuro y de dar explicación a las cosas que ocurren le lleva a consultar a adivinadores y echadores de cartas. Estos utilizan diferentes técnicas pseudocientíficas para dar respuesta a sus preguntas.

Bolas de cristal, quiromancia y tarot

Para encontrar una baraja de tarot como ninguna otra, hay que visitar a Luciano de los Ángeles, quien se ha confeccionado sus propias cartas a mano. Él es médium y clarividente, pero también se dedica a distintas artes adivinatorias como la astragalomancia (lectura de los dados) y la astrología, entre otras.
Tras un rápido repaso a la historia del tarot, asegura que cualquiera puede aprender a echar las cartas: "Una baraja de tarot sirve, por un lado, para marcar una evolución personal o espiritual; y por otro, para dar pronóstico de algo que puede ocurrir". Pero para ser médium no vale solo con estudiar, sino que requiere tener desarrolladas ciertas facultades psíquicas, ya que una bola de cristal o un péndulo son solo los canales en los que se apoyan. Luciano, por su parte, utiliza su pequeña bola en ocasiones para conocer qué ha ocurrido en el lugar en que se encuentra.

El Mundo

Horóscopo

Aries: Te encuentras frente a los rasgos más negativos de tu personalidad: la poca paciencia, la intolerancia y el egoísmo pueden hacer estragos en tu vida de relación; si logras dominarlos, la manera de involucrarte con los demás se verá favorecida.

Tauro: Si estás en una situación amorosa indefinida, es tiempo de aclarar puntos que te permitan recuperar tu armonía interna: al margen del resultado, lo importante será tener una respuesta. Tiempo ideal para iniciar sociedades o afirmar nuevos emprendimientos.

1 Lee y juzga.

- ¿Qué ciencias ocultas aparecen descritas en el texto?
- ¿Qué aspectos comunes aprecias entre la noticia y el horóscopo?
- ¿Crees que el destino puede estar escrito y que por medio de estas técnicas puede ser desvelado?
- ¿Para qué se consulta el horóscopo y otros medios de adivinación?
- ¿Por qué consideras que estas prácticas son contrarias a las propias de una religión?

Resumimos

es.smSiloe.com
RESUMO
Ruleta de palabras

1 Buscadores de Dios

- El ser humano siente una gran admiración por la grandeza de todo lo que le rodea y se pregunta por su origen y sentido.
- La religión es una respuesta desde el misterio, Dios, a todas las inquietudes e interrogantes que el ser humano se plantea sobre el mundo y el sentido de su existencia.
- Toda religión auténtica está compuesta de tres elementos fundamentales: Dios, mediaciones y actitud religiosa.
- El ser humano se abre libremente a la trascendencia y entra en contacto con ella por medio de los ritos y las celebraciones.

2 Las mediaciones religiosas

- Las mediaciones posibilitan el encuentro del ser humano con Dios.
- Los mitos y relatos ayudan al ser humano a explicar cómo la divinidad está en el origen de todas las cosas y las llena de sentido.
- Los ritos son acciones simbólicas que realiza el individuo de manera repetida para hacer presente a la divinidad en su vida cotidiana.
- La oración es un encuentro personal e íntimo entre Dios y la persona.

3 ¿Qué no es religión?

- Una religión es auténtica cuando hay una disposición por parte de la persona de reconocer libremente una realidad a la que llama Dios.
- Existen muchos actos que utilizan el misterio y las fuerzas ocultas para uso egoísta e individual, pero a los que no se puede definir como prácticas religiosas.
- La superstición, las ciencias ocultas y la idolatría están totalmente alejadas de lo que se entiende por religión, porque no hay una entrega incondicional a Dios.

es.smSiloe.com
ME AUTOEVALÚO
¿Qué he aprendido?

El mundo y el hombre atestiguan que no tienen en ellos mismos ni su primer principio ni su fin último, sino que participan de aquel que es el ser en sí, sin origen y sin fin. Así, por estas diversas "vías", el hombre puede acceder al conocimiento de la existencia de una realidad que es la causa primera y el fin último de todo, "y que todos llaman Dios".

CIC n.º 34

De múltiples maneras, en su historia, y hasta el día de hoy, los hombres han expresado su búsqueda de Dios por medio de sus creencias y sus comportamientos religiosos (oraciones, sacrificios, cultos, meditaciones, etc.). A pesar de las ambigüedades que pueden entrañar, estas formas de expresión son tan universales que se puede llamar al hombre un ser religioso.

CIC n.º 28

La consulta de horóscopos, la astrología, la quiromancia, la interpretación de presagios y de suertes, los fenómenos de visión, el recurso a "mediums" encierran una voluntad de poder sobre el tiempo, la historia y, finalmente, los hombres, a la vez que un deseo de granjearse la protección de poderes ocultos. Están en contradicción con el honor y el respeto, mezclados de temor amoroso, que debemos solamente a Dios. Todas las prácticas de magia o de hechicería mediante las que se pretende domesticar potencias ocultas para ponerlas a su servicio y obtener un poder sobrenatural sobre el prójimo, aunque sea para procurar la salud, son gravemente contrarias a la virtud de la religión.

CIC n.º 2116-2117

La poesía, un universo simbólico

La poesía es una forma de arte que ha sobrevivido durante miles y miles de años. La poesía, como toda creación artística, es uno de los pilares de la humanidad. Por medio de ella se expresa la emoción, la sensibilidad y la imaginación. Transmite conocimientos y valores humanos, a la vez que forma la dimensión espiritual del individuo. Despierta los sentidos mediante las palabras y crea todo un universo simbólico, que ayuda al ser humano a expresar sus sentimientos más profundos, que difícilmente puede manifestar con el lenguaje hablado.

- ¿Por qué consideras que la poesía es una manera de expresarse que supera las limitaciones que en ocasiones tenemos al utilizar simplemente las palabras?

Igual que vosotros

Desesperadamente busco y busco un algo,
qué sé yo qué, misterioso,
capaz de comprender esta agonía que me hiela
no sé con qué, los ojos.
Desesperadamente, despertando sombras que yacen,
muertos que conozco, simas de sueño,
busco y busco un algo, qué sé yo dónde, si supieseis cómo.
A veces me figuro que ya siento,
qué sé yo qué, que lo alzo ya y lo toco,
que tiene corazón y que está vivo,
no sé en qué sangre o red, como un pez rojo.
Desesperadamente, le retengo, cierro el puño, apretado el aire solo…
Desesperadamente sigo y sigo buscando, sin saber por qué, en lo hondo.
He levantado piedras frías, faldas tibias, rosas, azules,
de otros tonos y allí no había más que sombra y miedo,
no sé de qué, y un hueco silencioso.
Desesperadamente, esa es la cosa.
Cada vez más sin causa y más absorto qué sé yo en qué, oh Dios,
buscando lo mismo, igual, oh hombres, que vosotros.

Blas de Otero

Blas de Otero nació en Bilbao en 1916. Es un poeta de la posguerra española. Su poesía va evolucionando desde la dimensión existencial a la social. En toda su obra hay una tensión entre lo divino y lo humano. Su poesía está cargada de una fe en la solidaridad humana. Tiene la tarea primordial de transmitir con su obra la necesidad de una hermandad en el ser humano frente a la tragedia y la desolación. En este poema, Blas de Otero se refiere a la búsqueda que toda persona hace de "un algo" que sea la causa y el sentido de la vida humana.

- ¿Te has visto reflejado de alguna manera en este poema de Blas de Otero?
- ¿Qué relación tiene el poema con lo estudiado en la unidad?

[APLICAMOS]

Realizad una actividad en grupos de cuatro personas. Buscad o escribid un poema en el que os sintáis reflejados. Es importante que exprese vuestra experiencia vital en este momento. Puede ser de inquietud por el futuro, de alegría, de preocupación por una situación concreta, de agradecimiento, de amor. Cada miembro del grupo presentará a sus compañeros el poema elegido. Posteriormente, entre todos elegiréis uno y lo presentaréis al resto de la clase, para que se pueda establecer un debate sobre si os identificáis o no con lo expresado en el poema de otro compañero y si valdría para identificar la situación en la que se encuentran los jóvenes de vuestra edad en la actualidad.

EN LA BIBLIA

Buscadores de Dios

Según el relato del Evangelio según san Mateo, los magos fueron sabios, con conocimientos astronómicos, que sin ser judíos se pusieron en marcha siguiendo una estrella con la intención de buscar al Mesías para adorarle.

1 Belén

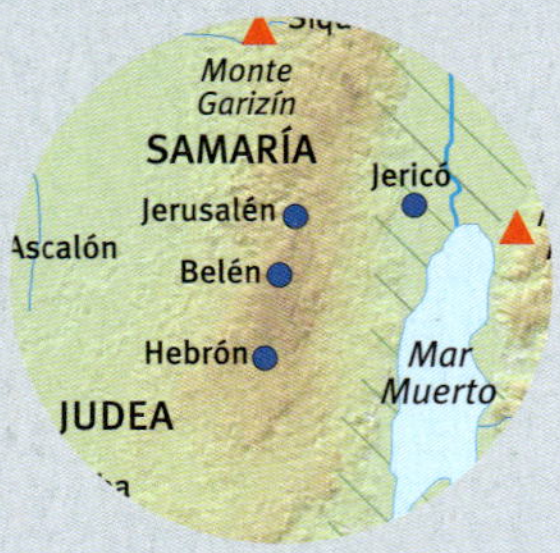

La ciudad de Belén está situada sobre dos colinas rocosas a unos 777 metros sobre el nivel del mar, cerca del desierto de Judea, al sur de Jerusalén. Su nombre hebreo, *Bethlehem*, significa 'la casa del pan'.
En el Antiguo Testamento se hace referencia a que se convirtió en la cuna del rey David, elegido por Dios y ungido por el profeta Samuel. Las profecías mesiánicas anunciaban que el Mesías debía nacer en Belén, donde nació Jesús.

Pero tú, Belén de Efrata, pequeña entre las familias de Judá, de ti saldrá el que ha de ser jefe en Israel, y cuyo origen es antiguo, inmemorial… y se afirmará y apacentará con la fortaleza de Yahvé, con la majestad del nombre de su Dios; y habrá seguridad, porque su prestigio se extenderá hasta los confines de la tierra.

Miq 5,2-4

2 Magos

Este episodio, que solo cuenta el evangelista Mateo, tiene como protagonistas a unos "magos". Por la referencia a la estrella se ha pensado que se trataba de sabios avezados en los secretos del firmamento.
De hecho, los sabios babilonios eran famosos por sus conocimientos astronómicos (mediante sus estudios y observaciones llegaron incluso a predecir eclipses).

3 Su estrella

En la tradición bíblica, la estrella acabó considerándose un símbolo del Mesías. Así al menos se interpretaba un famoso texto del libro de los Números:

Lo veo, pero no es ahora, lo contemplo, pero no será pronto: avanza una estrella de Jacob, y surge un cetro de Israel.

Nm 24,17

Además, en la antigüedad se pensaba que, cuando nacía una persona, al menos las importantes, en el cielo aparecía una estrella, por eso el texto dice "su estrella".

MATEO 2,1-12

Adoración de los Magos

1 *Habiendo nacido Jesús en Belén de Judea*
2 *en tiempos del rey Herodes, unos magos*
de Oriente se presentaron en Jerusalén
preguntando:
—¿Dónde está el Rey de los judíos que
ha nacido? Porque hemos visto salir
3 *su estrella y venimos a adorarlo.*
Al enterarse el rey Herodes, se sobresaltó
y toda Jerusalén con él; convocó a los
sumos sacerdotes y a los escribas del país,
4 *y les preguntó dónde tenía que nacer el Mesías.*
Ellos le contestaron:
—En Belén de Judea, porque así lo ha escrito
el profeta: "Y tú, Belén, tierra de Judá,
no eres ni mucho menos la última de las
poblaciones de Judá, pues de ti saldrá
un jefe que pastoreará a mi pueblo Israel".
—Id y averiguad cuidadosamente
qué hay del niño y, cuando lo encontréis,
avisadme, para ir yo también a adorarlo.
Ellos, después de oír al rey, se pusieron
en camino y, de pronto, la estrella que
habían visto salir comenzó a guiarlos hasta
que vino a pararse encima de donde estaba
el niño. Al ver la estrella, se llenaron
de inmensa alegría. Entraron en la casa,
vieron al niño con María, su madre,
5 *y cayendo de rodillas lo adoraron;*
después, abriendo sus cofres, le ofrecieron
6 *regalos: oro, incienso y mirra. Y, habiendo*
recibido en sueños un oráculo, para que
no volvieran a Herodes, se retiraron
a su tierra por otro camino.

4 Mesías

En la Biblia, *mesías* empezó siendo la denominación del rey de Jerusalén, ya que uno de los ritos de entronización era la unción con aceite, que es lo que significa *mesías*: 'ungido'. Pero, tras los fracasos de los reyes históricos, al final se acabó pensando que el Mesías era una figura que Dios enviaría para salvar al pueblo de Israel al final de la historia. Por eso los cristianos pudieron pensar que Jesús era ese Mesías (o el Cristo, en su forma griega), hasta el punto de decirlo concentrado en un solo nombre: Jesucristo.

5 Lo adoraron

Con esta escena, el evangelista Mateo pretende transmitir un mensaje importante: los primeros que reconocieron en Jesús al Mesías no fueron judíos, sino paganos que venían "de Oriente". Por eso esta fiesta se conoce como *Epifanía*, que en griego significa 'manifestación'. Una manifestación de Dios en su hijo Jesús que tiene como contrapartida humana la *adoración*, el reconocimiento.

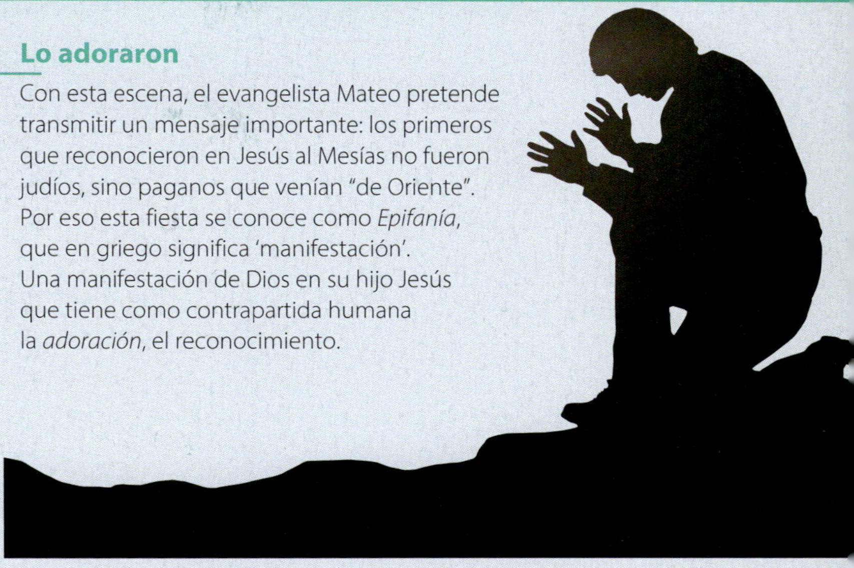

6 Oro, incienso y mirra

El texto no dice cuántos eran los magos. Pero el hecho de que sean tres los dones que llevan al niño hizo pensar que los magos también serían tres (aunque hay tradiciones antiguas que hablan de doce y hasta de setenta).

Según la tradición, en el año 300, santa Elena, la madre del emperador Constantino, encontró en Saba los restos de Melchor, Gaspar y Baltasar, y ordenó su traslado a Constantinopla. De allí se trasladaron siglos más tarde a Milán. Desde 1248 las reliquias se conservan en Colonia (Alemania).

NICOLÁS DE VERDÚN, *Relicario de los Reyes Magos*. Catedral de Colonia (Alemania).

APLICAMOS

6 **Investiga.** Los sabios de los que habla el texto, ¿quiénes eran realmente?

- Buscad el significado de *astronomía* y *astrología* y reflexionad sobre sus diferencias. ¿Qué eran los sabios?
- Todos sabemos qué es el oro, y quizá sepamos qué es el incienso y para qué sirve. Pero ¿y la mirra? Investigad qué es y para qué se usaba.
- Reunid todos los datos que conocéis de estos "magos" (número, nombres, aspecto, edad…) y comparadlos con lo que dice el texto. Podéis tener en cuenta la información del siguiente enlace.
  www.e-sm.net/sl41
- Expresad las conclusiones obtenidas.

2 Las religiones monoteístas

¿Una partitura, diferentes sonidos?

¿A qué religión pertenece cada uno de estos textos? Señala.

- "Comparte tu pan con el hambriento, acoge a los pobres sin techo, viste al que va desnudo y preocúpate de tu hermano".

  ☐ islam ☐ judaísmo ☐ cristianismo

- "Porque tuve hambre y me disteis de comer, tuve sed y me disteis de beber, era inmigrante y me acogisteis, estaba desnudo y me vestisteis, estaba enfermo y me visitasteis, estaba encarcelado y vinisteis a verme".

  ☐ islam ☐ judaísmo ☐ cristianismo

- "La piedad no consiste en rezar hacia el Levante o el Poniente. No, la piedad es dar de vuestros bienes por amor a Dios, a los familiares, a los chicos, a los huérfanos, a los próximos, a los viajeros en dificultad, a los mendigos y para la liberación de los esclavos".

  ☐ islam ☐ judaísmo ☐ cristianismo

Las religiones monoteístas responden, enfatizando aspectos diferentes y complementarios de la relación con Dios, a las preguntas que suscita buscar un sentido a la vida. Es importante subrayar la importancia de su contribución al bien común.

YouTube

¿Qué pueden aportar las religiones monoteístas a las cuestiones que nos preocupan hoy?

PARA EMPEZAR...

- Durante el genocidio en Ruanda en 1994, en el que hutus asesinaron en 100 días a más de 800 000 tutsis , ambas etnias cristianas, solo un grupo de población se opuso: los musulmanes ruandeses. Con valentía levantaron su voz, rechazaron la violencia y ayudaron a los refugiados, sin importar religión ni etnia, a salvarse de los escuadrones de la muerte; los escondieron, les dieron alimentos y los protegieron, pagando a menudo con su propia vida.

- La orquesta West-Eastern Divan fue fundada por el pianista y director israelí Daniel Barenboim y el intelectual palestino Edward Said en 1999 para reunir a jóvenes árabes e israelíes en torno a la música como vehículo de convivencia entre personas procedentes de sociedades en conflicto.

Dialogamos

1 ¿Os parece que se conocen las aportaciones de las diferentes religiones a la mejora de la conviencia?

2 ¿Es posible encontrar puntos de encuentro entre las diferentes religiones monoteístas?

3 ¿Puedes aportar algún ejemplo histórico o actual de convivencia entre las grandes religiones?

APRENDERÁS...

- Las diferentes formas en las que Dios se ha revelado al ser humano a lo largo de la historia.
- A identificar los rasgos característicos de cada una de las religiones monoteístas: judaísmo, cristianismo e islam.
- A razonar por qué Jesús es el Hijo de Dios, y cómo en su persona Dios se revela de forma definitiva a la humanidad y establece una alianza nueva y eterna.
- A valorar positivamente cada una de las manifestaciones religiosas de las personas creyentes, sea cual sea la religión que profesen.

es.smSiloe.com

ME PREGUNTO

¿Cuánto sé?

[1] El judaísmo. El pueblo de la alianza

NOS ACTIVAMOS

Recuerda y responde. A veces escuchamos hablar del pueblo judío por el conflicto existente entre Israel y Palestina. En otras ocasiones nos horrorizamos ante el ensañamiento y la crueldad con los que el nazismo alemán trató de exterminarlo. En muchas películas, los judíos aparecen integrados con normalidad en las sociedades contemporáneas, siendo fieles a sus tradiciones. En el mundo de la cultura y la ciencia destacan por sus contribuciones…

- ¿Qué aspectos conoces de la religión judía?
- ¿Qué ha hecho que los judíos guarden su identidad religiosa a través de los siglos?

COMPRENDEMOS

Un pueblo elegido. La alianza

El origen del judaísmo se remonta dos milenios antes de Cristo. El pueblo judío se sabe elegido por Dios para establecer con él una alianza que perdurará en el tiempo. Esta alianza se realiza en la persona de Abrahán, que recibe la orden de Dios de salir de Ur de Caldea, en el actual Irak, y dirigirse a la tierra de Canaán, el Israel actual. Dios promete a Abrahán una gran descendencia y una tierra fértil, para hacer de ellos una gran nación.

Unos siglos más tarde, Moisés, retomando el compromiso de la alianza que Dios había establecido con Abrahán, liberará al pueblo judío, esclavo en Egipto, y lo guiará a la Tierra Prometida, a Canaán. Moisés es considerado fundador de la religión judía. Para los judíos es el primero y mayor de los profetas, liberador del pueblo. Es el profeta que recibió toda la revelación, en el monte Sinaí, y prototipo del Mesías que habrá de venir. Dios establece su alianza con los israelitas y promulga su Ley por medio de Moisés. En virtud de esta alianza, Israel pasa a ser la "propiedad exclusiva" del Señor y a constituir una nación santa, es decir, totalmente consagrada a él. Tras cuarenta años de peregrinación por el desierto, el pueblo llegará a la Tierra Prometida.

Un Dios único

Durante siglos, en el judaísmo no se puso nombre a Dios, de ahí que cuando Dios se aparece a Moisés diga: "Yo soy el que soy", sin dar ningún nombre concreto. En la Biblia judía existen muchas maneras de decir "Dios": Elohim, Yahvé, Adonai, etc. El Dios del judaísmo es un Dios personal, único, que habla y se revela en la historia.

La Biblia hebrea. La tradición del pueblo judío

El libro más importante para el judaísmo es la Biblia hebrea o Tanaj. Es un conjunto de libros entre los que destaca la Torá, la ley judía. Para entender las leyes mencionadas en el Tanaj, son necesarios los comentarios de los rabinos. Todos ellos se agrupan en el Talmud. La parte más antigua del Talmud es la Mishná, que recoge la ley judía transmitida oralmente, y la Guemará, mucho más voluminosa, que consiste en comentarios respecto a las directrices de la Mishná, a menudo en forma de diálogo.

Finalmente, hay unos escritos que son fundamentales para conocer y cumplir con exactitud la ley judía. Se encuentran recogidos en el Midrash. Es una colección de comentarios escritos por distintos rabinos a lo largo de los siglos.

La Ley y el Templo, lugares de encuentro con Dios

El judaísmo tiene como lugar sagrado el gran Templo de Jerusalén, construido por el rey Salomón. El Templo fue destruido dos veces: por Nabucodonosor el año 586 a.C. y por los romanos en el año 70 d.C. Después de esta última destrucción ya no volvió

La Biblia hebrea

Tanaj
- Torá
- Nebihim (Profetas)
- J/Ketubim (Escritos consagrados)

Torá
- Bereshit/Génesis
- Shemot/Éxodo
- Vaikrá/Levítico
- Bemidbar/Números
- Devarim/Deuteronomio

Nebihim
- Iehoshúa/Josué
- Shoftim/Jueces
- Shemuel/Samuel
- Melajim/Reyes
- Ieshaiau/Isaías
- Irmiá/Jeremías
- Iejezkel/Ezequiel
- Trei Asar/Los Doce (nombre genérico para los 12 profetas menores)

Ketubim
- Tehilim/Salmos
- Mishlé/Proverbios
- Iyov/Job
- Shir HaShirim/Cantar de los Cantares
- Rut
- Eijá/Lamentaciones
- Kohelet/Predicador (Eclesiastés)
- Ester
- Daniel
- Ezrá-Nejemiá/Esdrás-Nehemías
- Divre Halamim/Crónicas

a construirse. Hoy solo queda de aquel gran templo lo que se conoce como Muro de las Lamentaciones.

Actualmente, la sinagoga es el lugar en el que se reúnen para recitar las oraciones, para la lectura de la Ley y para la formación en las tradiciones judías. En torno a ella gira la vida religiosa del creyente judío. El guía espiritual de la sinagoga es el rabino. Es un maestro, puede estar casado y es experto en la interpretación de la Ley . Para el rezo diario, en especial el día del *sabbat*, el judío piadoso utiliza el Siddur. Es un libro de oraciones. Contiene partes de la Torá y otros textos e himnos para su recitación.

El Muro de las Lamentaciones es el único resto que queda del Templo de Salomón.

Celebraciones y ritos que configuran la vida del creyente

Algunas de las fiestas principales del judaísmo son las siguientes.

- **La Pascua** (*Pesaj*). Es una festividad solemne que celebra la libertad del pueblo hebreo de la esclavitud de Egipto. Se celebra durante ocho días, a partir del día 15 del mes hebreo de nisán, que en nuestro calendario moderno corresponde a la última parte del mes de marzo y la primera del mes de abril.
- **Fiesta de las Semanas.** Se recuerda la entrega de la Ley a Moisés en el Sinaí. Se celebra cincuenta días después de la Pascua.
- **Fiesta de los Tabernáculos.** Se celebra la protección de Dios a todo el pueblo judío durante su travesía por el desierto después de la liberación de Egipto.
- **Celebración del Yom Kipur.** Es el día judío del arrepentimiento, considerado el más santo y solemne del año. Su tema central es la expiación y la reconciliación
- **Purim.** Recuerda a Ester, que salvó a los judíos en el destierro.

- *Judío* significa 'el que reconoce a Dios'.
- Judíos fueron los habitantes de Judea.
- Hebreo es una palabra atribuida por primera vez, en la Biblia, al patriarca Abrahán, significa 'el que viene de la otra orilla'. Hace referencia a que cruzó el río Éufrates para trasladarse de Ur a la tierra de los cananeos.
- Israelitas o hijos de Israel son los descendientes del patriarca Jacob, nieto de Abrahán. A Jacob, Dios le cambió el nombre por el de Israel, que significa 'príncipe o luchador de Dios'.
- Israelí es la persona que tiene la nacionalidad del actual Estado de Israel. No tiene connotaciones religiosas.

APLICAMOS

1 Lee y responde.

Entonces pronunció Dios todas estas palabras diciendo: "Yo, Yahvé, soy tu Dios, que te he sacado del país de Egipto, de la casa de servidumbre. No habrá para ti otros dioses delante de mí. No te harás escultura ni imagen alguna ni de lo que hay arriba en los cielos, ni de lo que hay abajo en la tierra, ni de lo que hay en las aguas debajo de la tierra. No te postrarás ante ellas ni les darás culto, porque yo Yahvé, tu Dios, soy un Dios celoso".

Ex 20,1-5

- ¿Cuál es el nombre de Dios que aparece en el texto? ¿Qué características son propias de este Dios?
- ¿Qué normas debe cumplir el creyente judío? ¿Por qué es importante cumplir las normas?
- ¿En qué fiesta judía se celebra la libertad del pueblo de la esclavitud? ¿Hay alguna fiesta cristiana parecida?

2 Define correctamente el significado de los siguientes términos.

- Torá
- Alianza
- Rabino
- Sinagoga
- Yom Kipur

La sinagoga del Tránsito (Toledo) está considerada la más bella sinagoga medieval y la mejor conservada en el mundo.

2 El cristianismo. Dios al encuentro

NOS ACTIVAMOS

I G **Recuerda y escribe.** El cristianismo tiene 2000 años de historia. Surgió en Israel y pronto se expandió por el mundo. Actualmente hay unos 2400 millones de seguidores del cristianismo.

- ¿Podrías entender tu cultura y forma de vivir sin conocer la religión cristiana?
- ¿Cuántos nombres de personas, calles, edificios y fiestas conoces que estén relacionados con el cristianismo?

COMPRENDEMOS

Jesús, el Mesías anunciado

Jesús es judío. Nace en Judea en los inicios de nuestra era. Muchos lo consideraron como el mesías esperado y anunciado por los profetas. Otros, en cambio, lo identificaron con un profeta más. Enseña al pueblo judío un nuevo mensaje, una buena noticia. Con sus palabras y sus obras muestra a un Dios que es misericordia, que acoge a los más pequeños, que se fija en los últimos, que perdona nuestras infidelidades y que nos ama profundamente como hijos suyos.

Los cristianos no solo reconocen la calidad humana de Jesús, sino su divinidad. Es la religión de los que creen que Jesucristo es el hijo de Dios. Es el Dios hecho hombre que, tras su vida, su predicación, su crucifixión y muerte, es resucitado por su Padre Dios como garantía de que sus palabras eran ciertas. Jesús, cuando se dirigía a Dios, le llamaba "padre" , por eso la oración más representativa de los cristianos es el padrenuestro. De esta manera, el Dios Yahvé del Antiguo Testamento pasa a ser el Dios Padre de Jesús.

A lo largo de su vida, Jesús anunció a sus discípulos que les enviaría al Espíritu para que los acompañara. El Espíritu es Dios amor hecho fuerza que acompaña y anima. Los discíplulos aprendieron de Jesús que, siendo él Dios, también se relaciona con el Padre y con el Espíritu. Comprendieron que el Dios de Jesús es Trinidad.

Jesús, Dios encarnado

El nombre de Jesús significa que el Nombre mismo de Dios está presente en la persona de su Hijo hecho hombre para la redención universal y definitiva de los pecados. Él es el Nombre divino, el único que trae la salvación y de ahora en adelante puede ser invocado por todos porque se ha unido a todos los hombres por la Encarnación de tal forma que "no hay bajo el cielo otro nombre dado a los hombres por el que nosotros debamos salvarnos".

CIC n.º 432

Jesús es la Palabra de Dios

El libro sagrado de los cristianos es la Biblia. Se compone de Antiguo Testamento y Nuevo Testamento. El Antiguo Testamento es compartido, en parte, con el Tanaj de los judíos. El Nuevo Testamento recorre desde el nacimiento de Jesús hasta la fundación de las primeras comunidades cristianas.

Los primeros libros del Nuevo Testamento son los cuatro evangelios. Estos no pretenden ser biografías de Jesús, sino una lectura, desde la fe, de su persona, vida y misión. Jesús de Nazaret es el enviado de Dios para proclamar que el reino de Dios ya ha llegado y que se hace presente en él. Por medio de discursos, parábolas, narraciones y comparaciones, Jesús da a conocer cómo es el reino de Dios que ya está germinando y que se manifestará definitivamente al final de los tiempos.

Los evangelistas no pretendieron escribir biografías de Jesús, sino dar testimonio de fe.

El mensaje de Jesús

Jesús se rodeó de algunos discípulos con los que recorrió Palestina anunciando la llegada del reino. El mensaje de Jesús no exige actuar conforme a un conjunto de normas, es un proceso de conversión del corazón. El componente más importante en este proceso de cambio es el amor. Es el elemento fundamental de la identidad de los seguidores de Jesús. El amor cristiano no es cualquier tipo de amor, tiene una serie de características fundamentales. Es un amor sin límites, alcanza incluso a los enemigos y tiene predilección por los más desfavorecidos.

Una comunidad

Jesús formó una comunidad de discípulos que le seguían y aprendían sus enseñanzas. Los apóstoles continuaron creando comunidades cristianas allí donde iban. El cristianismo, por tanto, desde sus orígenes, es una religión fuertemente comunitaria. Las forman aquellos que quieren seguir el estilo de vida de Jesús. La iglesia es la comunidad cristiana y es el lugar donde Dios se hace presente de forma especial. Estas comunidades tienen la misión de seguir haciendo presente el reino de Dios en el mundo.

EDVARD MUNCH, *Gólgota*

Ritos y celebraciones

En el cristianismo todo hace referencia a Jesucristo. Por eso, la celebración central es el sacramento de la eucaristía, que actualiza la presencia de Jesús resucitado en la comunidad, siguiendo su mandato "Haced esto en memoria mía". Los sacramentos acompañan al cristiano a lo largo de su vida y sirven para recordar, celebrar y hacer presente a Jesucristo en medio de la comunidad. Los sacramentos son los siguientes: bautismo, confirmación, eucaristía, reconciliación, matrimonio, unción de enfermos y orden sacerdotal.

El domingo es el día de fiesta semanal por ser el día que resucitó Jesús. Las fiestas más importantes son la Navidad, recuerdo del nacimiento de Jesús, y la Pascua de Resurrección, recuerdo de su pasión y muerte (Jueves y Viernes Santo) y de su resurrección (Domingo de Pascua).

Papa Francisco
@Pontifex_es

En los sacramentos encontramos fuerza para pensar y obrar según el evangelio.

APLICAMOS

1 **Define** correctamente el significado de los siguientes términos.

- Jesús
- Evangelios
- Trinidad
- Iglesia
- Sacramentos

San Juan de Baños (661) es, para algunos especialistas, la iglesia cristiana, aún conservada, más antigua de España.

2 **Lee y responde.**

- ¿Qué diferencias existen entre la Biblia judía y la cristiana? ¿Por qué la Biblia cristiana contiene el Nuevo Testamento y la judía no?
- ¿Qué relación existe entre la Pascua judía y la Pascua cristiana?
- ¿Cuál es el núcleo del mensaje de Jesús? ¿Qué consecuencias tiene para sus seguidores?

3 **Completa** el crucigrama.

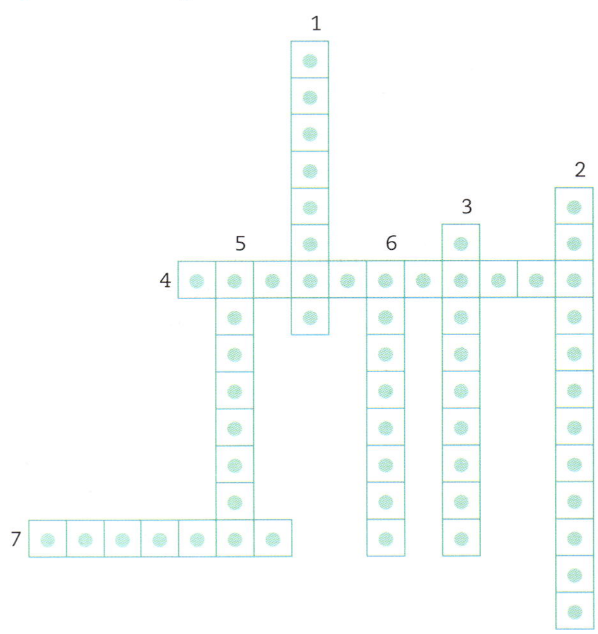

1. Se prepara la venida de Jesús. Dura 4 semanas.
2. Es la fiesta más importante del cristianismo.
3. Se conmemora el día que Jesús subió al cielo.
4. Se celebra el envío del Espíritu Santo.
5. Fiesta de la manifestación de Jesús a todos los pueblos.
6. Dura 40 días. Es tiempo de ayuno, oración y limosna.
7. Se celebra la encarnación de Dios Hombre.

3 El Islam. Cumplir la voluntad de Alá

NOS ACTIVAMOS

G I **Orden.** Los musulmanes son muy observantes con las normas que establece su religión, el islam. Para ellos es importante profesar su fe públicamente.

- ¿Piensas que la práctica de la religión se debe vivir solamente en la esfera privada o también es necesario hacerla presente en nuestra vida diaria?
- ¿Conoces alguna práctica o celebración religiosa que los musulmanes realicen de forma pública?

COMPRENDEMOS

Mahoma, el profeta de Alá

El islam es la tercera religión revelada por Dios a la humanidad, después del judaísmo y el cristianismo. No se presenta como una nueva religión, sino que pretende reestablecer la primera revelación hecha por Dios a Abrahán, Moisés, David, María y Jesús.

El islam profesa un monoteísmo absoluto, un solo Dios dueño y señor del universo. Fue fundada por Mahoma en el siglo VII d. C. en lo que hoy conocemos como Arabia Saudí. Mahoma nació en La Meca hacia el año 570 d. C. Cuando tenía treinta años, una noche del mes de Ramadán del año 611, el arcángel Gabriel empezó a revelarle las palabras de Alá, el dios del islam, en unas visiones nocturnas que se prolongaron hasta su muerte. Mahoma no sabía leer ni escribir, recitaba estos mensajes, y así nació el Corán (que en árabe significa 'recitación'), libro sagrado del islam. En el año 612 comenzó a predicar la nueva doctrina en La Meca, presentándose como el profeta de Alá. Comenzó a ser perseguido y tuvo que huir a Medina. Es lo que se conoce como **hégira**. En Medina triunfó el islam, palabra que en árabe significa 'sumisión', ya que el musulmán entrega su vida completamente a la voluntad de Alá. Mahoma murió en el año 632 en la ciudad de Medina.

VOCABULARIO

hégira: emigración o huida de Mahoma de La Meca a Medina, que tuvo lugar en el año 622 y se toma como punto de partida de la cronología musulmana.

sura: nombre que recibe cada uno de los 114 capítulos en los que se divide el Corán.

El Corán, el libro recitado

El Corán es el libro santo del islam. La tradición musulmana considera el Corán como la obra misma de Dios, que habla en primera persona. Está compuesto de 6226 versículos agrupados en 114 **suras.** El tercer sucesor de Mahoma puso por escrito toda su doctrina en el año 652. El Corán menciona muchos personajes que aparecen en los libros sagrados del judaísmo y el cristianismo. Abrahán, Moisés, Jesús de Nazaret y Juan Bautista aparecen mencionados como profetas islámicos.

Para el creyente, el Corán no solo constituye un código religioso, sino que codifica la conducta y rige todos los aspectos de la vida. Describe todo lo que un musulmán debe hacer en su comportamiento social. En muchos países islámicos se ha adoptado el Corán como sistema de leyes.

La Meca

Ciudad natal de Mahoma, es la más importante de todas las ciudades santas del islam, visitada cada año por millones de peregrinos. Antes de que Mahoma predicara el islam, esta era ya para los paganos una ciudad santa, con varios lugares de importancia religiosa, entre ellos el más importante de todos: la Kaaba.

Los cinco pilares del islam

El núcleo de la ley islámica se expresa en cinco preceptos básicos. Son los cinco pilares que todo buen musulmán debe cumplir.

- **El testimonio de fe.** Profesar que no existe más que un solo Dios y que Mahoma es su profeta.
- **La oración.** Orar cinco veces al día en dirección a La Meca. El *salat* es la oración diaria ritual y se entona al amanecer, al mediodía, la media tarde, el ocaso y la noche.
- **El ayuno.** Durante el mes del Ramadán no se puede tomar alimento ni bebida ni tener relaciones sexuales desde el amanecer hasta la puesta del sol.

- **Dar limosna.** Todas las cosas pertenecen a Dios, y la riqueza ha sido dada a las personas para que la compartan con los necesitados.
- **Peregrinación.** Peregrinar a La Meca al menos una vez en la vida.

Un pueblo que celebra

El viernes es el día en que los musulmanes celebran su fiesta semanal. En ese día, el alumuecín o almuédano llama a los creyentes para que acudan a la mezquita y recen con sus compañeros, separados los hombres de las mujeres.

Las mezquitas son los lugares destinados a la oración y las madrazas los dedicados al estudio y aprendizaje del Corán.

Los musulmanes no tienen muchas celebraciones, pero hay algunas fiestas que recuerdan su origen y su deseo de ser fieles a Alá: el Nacimiento del Profeta, en la que se conmemora el nacimiento de Mahoma; la fiesta del Fin del Ayuno, para celebrar el final del Ramadán; el Año Nuevo musulmán, para rememorar la hégira; la Fiesta del Sacrificio o del Cordero, que conmemora la voluntad de Abrahán de sacrificar a su hijo por obediencia a Dios.

El islam en la actualidad

El islam no se confunde con el mundo árabe. Aunque nació en Arabia y el Corán está escrito en árabe, su vocación universal lo impulsó a extenderse. Algunos de los países con más presencia de población musulmana (Indonesia, Pakistán, Bangladés…) no son árabes.

El islam no es la religión del fanatismo y la guerra santa. El fanatismo y el fundamentalismo no están inscritos en la esencia del islam. La yihad o guerra santa es, ante todo, una resistencia ante el mal, es el esfuerzo del alma para rechazar todos los ídolos.

Las cinco oraciones rituales de cada día

- **Oración del amanecer** (*al-fair*), apenas despunta el alba (se repite dos veces).
- **Oración del mediodía** (*al-zohr*), cuando el sol llega al cénit (se repite cuatro veces).
- **Oración después del mediodía** (*al´-asr*), a media tarde (se repite cuatro veces).
- **Oración del ocaso** (maghreb), al ponerse el sol (se repite tres veces.)
- **Oración de la noche** (*al´-asa*), alrededor de una hora y media despues de ponerse el sol (se repite cuatro veces).

APLICAMOS

1 **Define** correctamente los significados de los siguientes términos.

- Corán
- Mahoma
- Ramadán
- Fiesta del Cordero
- Yihad

Inaugurado en 1992, el Centro Cultural Islámico de Madrid, conocido como la mezquita de la M-30, es la mezquita más grande de España.

2 **Lee, analiza y responde.**

– *Di: Al-lah es el Único Al-lah, el Independiente e implorado por todos. No engendra ni es engendrado. Y no hay nadie igual a Él.*

Sura 112

– *Él ha hecho para vosotros de la tierra un lecho y del cielo un techo, y hace caer agua del cielo y que gracias a ella broten frutos, que son para vosotros provisión. Así pues, no atribuyáis iguales a Allah.*

Sura 2,2

- ¿A qué pilar del islam de los estudiados hacen referencia estos textos del Corán?
- ¿Qué rasgos de Dios aparecen en estos textos?
- ¿Qué similitudes y diferencias aprecias entre el Dios del islam y el Dios cristiano?

1 Judaísmo. El pueblo de la alianza

El pueblo judío ha sido discriminado, hostigado y perseguido en algunos momentos de la historia. Las palabras *Shoah* y *Holocausto* se refieren al exterminio sistemático de los judíos europeos por parte de los nazis durante la Segunda Guerra Mundial. Fue una experiencia radical que ha marcado la cultura y la identidad del pueblo judío.

Superman y los judíos

Los superhéroes del cómic tienen curiosos paralelismos con personajes de la tradición judía. ¿Quién podía pensar que el dios escandinavo Thor es el *alter ego* de Jacob, padre de las doce tribus de Israel ¿O que el increíble Hulk recuerda mucho a Sansón? Superman, Batman, Spiderman, Los 4 Fantásticos, X-Men, Iron Man, Hulk, Thor, Daredevil, Estela Plateada, El Golem, Green Lantern, Sabra, Catwoman, Batwoman, La Liga de la Justicia, Los Vengadores y hasta el mismísimo Capitán América fueron concebidos por jóvenes creadores judíos. En los orígenes, muchos de los elementos incluidos en estos cómics tienen su referente en la cultura judía.

Uno de los aspectos que han empezado a analizarse es la influencia de la cultura judía en la etapa de desarrollo inicial entre las décadas de 1930 y 1960 del cómic de superhéroes y, en el sentido opuesto, el papel que jugaron Batman o el Capitán América en el hecho identitario judío. Muchos norteamericanos de primera o segunda generación, hijos de inmigrantes judíos, diseñaron justicieros enmascarados para que se enfrentaran a las mismas actitudes y conflictos que ellos padecieron en su día a día. El poeta Alan Kaufman, por ejemplo, explica en sus memorias (*Jew Boy*) la importancia emocional de los cómics en su adolescencia y cómo llegó a crear un personaje, The Purple Jew, que a la manera del Capitán América combatía la xenofobia, la discriminación, el nazismo… Detrás de sus apellidos americanizados, decenas de creadores judíos contribuyeron de forma decisiva al crecimiento y desarrollo de la industria del cómic de superhéroes e imprimieron en él parte de la vivencia del pueblo de Israel en Estados Unidos.

DAVID ALIAGA

1 Responde.

- ¿Conocías que muchos de los superhéroes de los cómics eran creación de ilustradores judíos?
- ¿Qué tienen en común todos los superhéroes?
- ¿Cómo relacionas las características propias de un superhéroe con la experiencia del pueblo judío?

2 El cristianismo. Dios al encuentro

A lo largo de la historia, por razones teológicas, culturales o políticas muchas comunidades cristianas han dejado de compartir una doctrina común y se han escindido del tronco común.

Fundamentalmente, las diferencias se refieren a:

- La naturaleza divina y humana de Jesús.
- La figura del Papa, sucesor del apóstol Pedro.
- La importancia de la fe y las obras, la interpretación de textos bíblicos
- El número y la importancia de los sacramentos
- La figura de María.

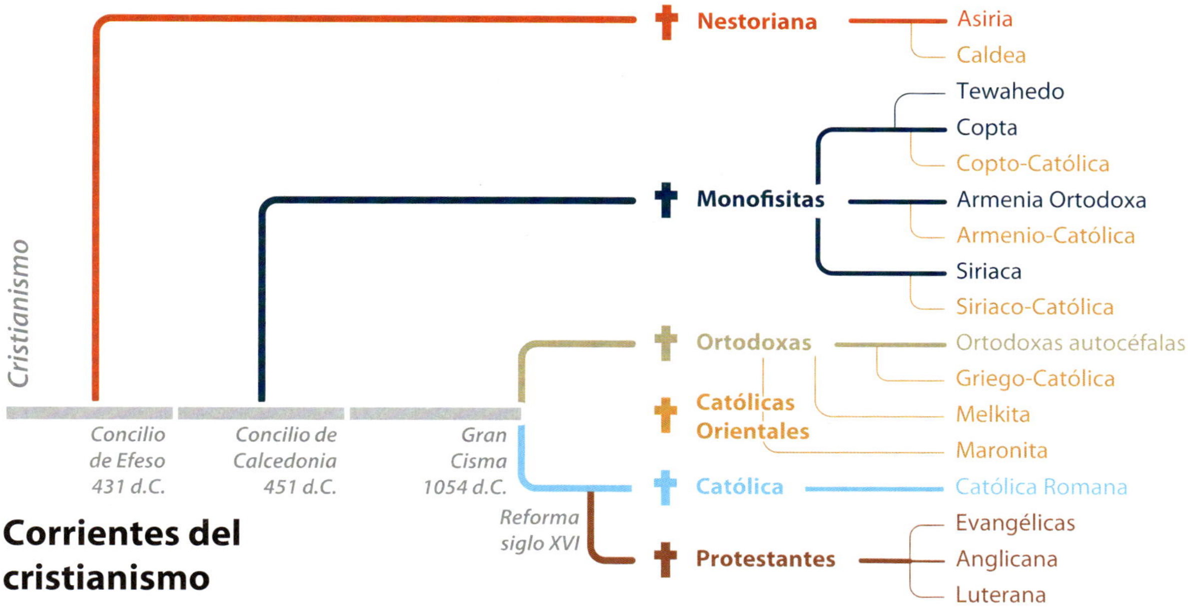

Corrientes del cristianismo

1 Busca y comparte.

- Por grupos, distribuid cada una de las ramas en las que ha se dividido el cristianismo, buscad información sobre la causa de división y compartidla con vuestros compañeros.
- ¿Crees que es coherente con el mensaje de Jesús la división de los cristianos?
- ¿Qué contenidos del mensaje de Jesús podrían compartir estas ramas y anunciar a las demás religiones monoteístas?

3 El islam. Cumplir la voluntad de Alá

Vivimos en un mundo globalizado y estamos informados de todos los acontecimientos que ocurren en él. En ocasiones la información que recibimos puede confundirnos y crearnos prejuicios. El islam ha sido una religión que se ha asociado a la violencia por los atentados terroristas que han ocurrido en varios países.

El terrorismo no tiene religión, el islam es paz

Dios es el Dios de la vida y quiere siempre promoverla y defenderla; y nosotros, creados a su imagen y semejanza, estamos llamados a hacer lo mismo. Todo ser humano, en cuanto criatura de Dios, es nuestro hermano, independientemente de su origen y de su pertenencia religiosa. Cada persona debe ser vista con benevolencia, como hace Dios, que da su mano misericordiosa a todos, independientemente de su fe y de su origen, y que se ocupa de las personas que más lo necesitan: los pobres, los enfermos, los marginados y los indefensos. Allí donde la vida está en peligro estamos llamados todavía más a protegerla. Ni la violencia ni la muerte tendrán jamás la última palabra frente a Dios, que es el Dios del amor y de la vida.

Papa Francisco

1 Lee y responde.

- ¿Qué opinión te merece la frase "el terrorismo no tiene religión, el islam es paz"?
- ¿Cómo intentarías convencer a aquellos musulmanes que en nombre de Dios imponen el terror y la violencia?
- ¿Qué aportaciones consideras que hace el islam a la cultura europea?

Resumimos

es.smSiloe.com
RESUMO
Ruleta de palabras

1 El judaísmo. El pueblo de la alianza

- Dios se ha revelado en la historia como un Dios único y salvador.
- Elige a Abrahán para establecer con él y con su pueblo una alianza que perdurará en el tiempo.
- La Biblia hebrea recoge la tradición y la historia del pueblo de Israel, así como su caminar junto a Dios.
- La Ley y el Templo serán los lugares privilegiados en el judaísmo para poder encontrarse con Dios.

2 El cristianismo. Dios al encuentro

- Dios se revela de manera definitiva en la persona de Jesús de Nazaret.
- En Jesús, el Hijo de Dios, el Mesías, se cumplen las promesas de Dios anunciadas por los profetas al pueblo judío.
- Con Jesús, Dios establece una alianza nueva y eterna con la humanidad. La comunidad cristiana hace presente a Dios en el mundo por medio de sus acciones, ritos y celebraciones.

3 El islam. Cumplir la voluntad de Alá

- El islam es la tercera religión monoteísta. El Corán es su libro sagrado, que fue revelado por Alá al profeta Mahoma.
- El musulmán une su vida a Alá por medio de la observancia de sus preceptos y del cumplimiento de los cinco pilares del islam.
- El islam es una religión que celebra y que tiene siempre presente a Alá en la vida cotidiana. Sus celebraciones más importantes son el Ramadán, la fiesta del Fin del Ayuno y la Fiesta del Cordero.

es.smSiloe.com
ME AUTOEVALÚO
¿Qué he aprendido?

Pues la Iglesia de Cristo reconoce que los comienzos de su fe y de su elección se encuentran ya en los patriarcas, en Moisés y los profetas, conforme al misterio salvífico de Dios [...] Es, por consiguiente, tan grande el patrimonio espiritual común a cristianos y judíos que este Sagrado Concilio quiere fomentar y recomendar el mutuo conocimiento y aprecio entre ellos, que se consigue sobre todo por medio de los estudios bíblicos y teológicos y con el diálogo fraterno.

Nostra aetate 4

Dios se ha revelado plenamente enviando a su propio Hijo, en quien ha establecido su alianza para siempre. El Hijo es la Palabra definitiva del Padre, de manera que no habrá ya otra Revelación después de él.

CIC n.º 73

La Iglesia mira también con aprecio a los musulmanes, que adoran al único Dios, viviente y subsistente, misericordioso y todopoderoso, Creador del cielo y de la tierra, que habló a los hombres, a cuyos ocultos designios procuran someterse con toda el alma como se sometió a Dios Abrahán, a quien la fe islámica mira con complacencia. Veneran a Jesús como profeta, aunque no lo reconocen como Dios; honran a María, su Madre virginal, y a veces también la invocan devotamente.

Nostra aetate 3

EN LA CULTURA

Maqueta del edificio
www.house-of-one. org

Arquitectura y comunicación

La comunicación en arquitectura se considera algo tan fundamental como lo puede ser en la publicidad o el periodismo. La diferencia entre un buen o mal proyecto arquitectónico consiste en la capacidad que tenga el arquitecto para que el resto del mundo entienda el mensaje que quiera transmitir con su trabajo. El arquitecto no solo tiene la intención de crear espacios para que sean habitados por las personas, sino que también quiere transmitir por medio de sus edificaciones una serie de sensaciones, mensajes y sentimientos.

- ¿Sabías que los arquitectos, además de crear espacios para ser habitados, quieren también transmitir mensajes a la población con sus edificaciones?
- ¿Conoces algún edificio que sea emblemático? ¿Cuál es el mensaje que quiso transmitir su arquitecto?

House of One (Casa del Uno), en referencia a la única deidad reconocida en las principales religiones monoteístas, es el nombre del proyecto que juntará el cristianismo, islamismo y judaísmo en un mismo lugar. Estará en la Petriplatz de Berlín (Alemania). En este lugar se edificó la primera iglesia de la ciudad, en el siglo XIII, pero fue destruida durante la Segunda Guerra Mundial. Sobre los restos arqueológicos de esta iglesia se están poniendo los fundamentos de un ambicioso proyecto que une el diálogo interreligioso con el arte arquitectónico. En este lugar conviven bajo un mismo techo cristianos, musulmanes y judíos, un centro que es un lugar de oración y de enseñanza al mismo tiempo que un espacio para el diálogo, la convivencia y la reconciliación.

- ¿Qué te parece este proyecto?
- ¿Qué expresa la construcción del edificio atendiendo al objetivo para el que va a ser destinado? Descríbelo.

[APLICAMOS]

Nos unimos en grupos de cuatro personas para desarrollar una actividad en la que podamos descubrir edificios religiosos de nuestro entorno, incluida la catedral de la diócesis, y analizar el sentido que el arquitecto quiso darle tanto al exterior como al interior de esos edificios. Cada grupo elegirá uno, lo estudiará detenidamente y, posteriormente, presentará a sus compañeros el resultado de su trabajo.

Interior de la Santa Iglesia Catedral Metropolitana de Santa María la Real de la Almudena, Madrid.

EN LA BIBLIA

Un mismo padre

Mientras la tradición israelita invoca la línea Abrahán-Isaac, la musulmana se apoya en la Abrahán-Ismael. Por tanto, los judíos serían los descendientes de Abrahán por vía de Isaac, y los musulmanes se consideran descendientes de Abrahán por vía de Ismael, a quien también se le prometió una gran descendencia. Para los cristianos, Abrahán es el primero de los creyentes y padre en la fe de las grandes religiones monoteístas.

La saga de Abrahán

Abrahán tuvo dos hijos. El primero en nacer fue Ismael. Nació de la esclava de Sara, Agar, cuando ni Sara ni Abrahán tenían claro que fuera posible que concibieran un hijo (Gn 16).
El segundo en nacer fue Isaac, cuyo nombre significa 'el que ríe', porque Sara, su madre, se rio de la promesa de Dios (Gn 18,12) en el encinar de Mambré.

GEN 21,1-13

Isaac e Ismael

Como lo había prometido, el Señor se ocupó
1 *de Sara, el Señor realizó con Sara lo que había*
anunciado.
Sara concibió y dio un hijo al viejo Abrahán
en la fecha en que había anunciado Dios,
al hijo que le había nacido, que había dado
a luz Sara, Abrahán lo llamó Isaac. Abrahán
circuncidó a su hijo Isaac al octavo día,
como la había mandado Dios.
2 *Cien años tenía Abrahán cuando le nació*
su hijo Isaac. Dijo Sara:
—El Señor me ha hecho reír, los que se enteren
reirán conmigo.
Y añadió:
—¿Quién hubiera dicho a Abrahán
que Sara iba a criar hijos? ¡Pues le he dado
un hijo en la vejez!
El niño creció y lo destetaron. Abrahán ofreció
un gran banquete el día que destetaron a Isaac.
Pero Sara vio que el hijo que había tenido
Abrahán con Agar la egipcia jugaba
con Isaac, y dijo a Abrahán:
—Expulsa a esa sierva y a su hijo, pues
no heredará el hijo de esa sierva con mi hijo,
con Isaac.
Abrahán se llevó un gran disgusto
a causa de su hijo. Pero Dios dijo a Abrahán:
—No te aflijas por el muchacho y por la sierva.
En todo lo que te dice haz caso a Sara.
Pues es Isaac quien prolongará tu descendencia.
Aunque también del hijo de la sierva
3 *sacaré un gran pueblo, pues es descendiente tuyo.*

1 Sara

Sara, la mujer de Abrahán, es una de las matriarcas de Israel junto con Rebeca, Raquel y Lía.
Lo primero que nos cuenta el libro del Génesis de ella es que era estéril: "Saray era estéril, no tenía hijos" (Gn 11,30). La esterilidad era un gran sufrimiento para las mujeres, las hacía sentirse rechazadas, porque ser madre era signo de la bendición. Dios la bendice, cambia su nombre por Sara y le concede un hijo (Gn 17,16). Sara dio a su hijo el nombre de Isaac: "Dios me hizo reír… ¿Quién le habría dicho a Abrahán que Sara iba a amamantar hijos?" (Gn 21,6-7).
Sara rio de incredulidad pero también de alegría, lo imposible se había hecho realidad. La esterilidad de Sara es una experiencia de sufrimiento que también padecieron otras mujeres en la Biblia, como Raquel, la mujer de Jacob (Gn 29,31), o Ana, la madre de Samuel (1 Sam 1).
Una experiencia que las pone en relación con Dios, que las bendice concediéndoles un hijo, porque para Dios nada es imposible.

2 Cien años tenía Abrahán

En la Biblia, la bendición de Dios se expresa con la concesión de larga vida y de descendencia. Una larga vida era la expresión de la bendición de Dios a la persona que vivía o había vivido según los planes de Dios. Abrahán era una de ellas.
La vejez de Abrahán y Sara es signo de la bendición de Dios y expresión de la confianza de ambos en la promesa de Dios: serán padres de muchos.

Actualización. La saga de *Star Wars*

Una saga es la historia de varias generaciones. La saga de Abrahán tuvo su expresión en el mundo judío y en el mundo islámico.
Una saga conocida también estableció un mismo antecesor para dos posibilidades de rebelión contra el Imperio. Hablamos de *Star Wars*: dos hermanos, Luke y Leia, viven de manera diferente su resistencia al poder imperial. Se han criado separados, pero ambos viven enfrentados con la tiranía del Imperio. Ambos nacieron de Padme y Anakin.

3 Sacaré un gran pueblo

Abrahán en el islam

Es el modelo de los musulmanes en todos los aspectos de su vida. En primer lugar, Abrahán es el antepasado de los musulmanes, el que con su trabajo, su oración y su familia preparó el islam.
Es el padre de Ismael, que se estableció en La Meca.

- Reza para que Dios proporcione alimento a los habitantes de esta ciudad del desierto.
- Construye la Kaaba.
- Llama a la peregrinación.
- Le pide a Dios que envíe un profeta a los árabes, de manera que la venida de Mahoma aparece como el resultado de su plegaria.

En la Meca, la Piedra Negra es, según la tradición, un aerolito que el arcángel Gabriel entregó a Abrahán (Ibrahim). Ibrahim (Abrahán) y su hijo Ismael (Ismail) la colocaron en la esquina oriental cuando terminaron de construir la nueva Kaaba.

La Cúpula de la Roca, en la explanada de las mezquitas de Jerusalén, es el lugar donde se venera la roca sobre la que Abrahán trató de sacrificar a su hijo Isaac. Está muy cerca del Muro de las Lamentaciones

[APLICAMOS]

Completa un relato. Nuestra biografía está condicionada por muchas de las decisiones y vivencias de nuestros antepasados: de quién se enamoraron; los hijos que tuvieron; si algún acontecimiento histórico o social condicionó sus vidas; si tuvieron que abandonar su lugar de origen por alguna razón…

- Redacta, partiendo de acontecimientos reales que hayan sucedido en tu familia, un relato en el que se recoja la relación entre aquel suceso pasado y tu presente.

BLOQUE 2

La revelación: Dios interviene en la historia

3 Un Dios fiel

¿Amar sin confiar?

La confianza es el valor más importante en casi todas nuestras relaciones. Han roto Andrea y Álex. ¿Qué ha podido ocurrir?

- ☐ No podían mantener su relación porque les preocupaba lo que piensan los demás.
- ☐ Álex cree que Andrea todavía está enamorada de una relación anterior.
- ☐ Andrea cree que Álex prefiere estar con sus amigos.
- ☐ No se fían el uno del otro.

Dios escoge al pueblo de Israel para revelarse y comenzar con él una historia de amor y fidelidad. A pesar de las infidelidades de Israel, Dios cumplió su palabra de no abandonar a su pueblo. En la persona de Jesús de Nazaret se cumplen y culminan todas las promesas.

YouTube

¿Ayuda a nuestra personalidad saber que somos importantes para alguién?

es.smSiloe.com
ME PREGUNTO
¿Cuánto sé?

PARA EMPEZAR...

Un perro fiel

Capitán, el perro que durante más de una década veló la tumba de su amo en la localidad argentina de Villa Carlos Paz, en la provincia de Córdoba, falleció en el mismo cementerio en el que reposan los restos de su dueño. "Nunca vi una cosa tan fiel", explica Marta Clot, florista del camposanto, al recordar entre lágrimas a *Capitán*, un perro mestizo con algo de ovejero alemán que, con alrededor de 16 años, ha aparecido muerto en el baño del cementerio tras un tiempo en el que ya andaba con dificultades y había perdido parte de visión.

Agencia EFE

Dialogamos

1 ¿Por qué nos conmueven los gestos de fidelidad como el del perro *Capitán*?

2 ¿Qué hace falta para ir construyendo la confianza entre las personas?

APRENDERÁS...

- Que Dios se ha revelado al ser humano en la historia del pueblo de Israel, con el que establece una alianza fundamentada en el amor y la fidelidad.
- Que Dios se mantiene siempre fiel a su promesa a pesar de las infidelidades de su pueblo.
- Que en la persona de Jesús de Nazaret, Dios realiza una alianza nueva y eterna que ya nunca se podrá romper. Este nuevo pacto de salvación se establece por el amor que Dios siente por toda la humanidad, amor que se hace realidad en la entrega total y generosa de la vida de Jesús, el Hijo de Dios.

1 La experiencia de la alianza

NOS ACTIVAMOS

Lee y responde.

"Desde el ámbito de la psicología, la pareja responde a una necesidad humana: la intimidad. Esta necesidad superior se da solo en el ser humano y se basa en la satisfacción de necesidades, como la confianza, el respeto, el compromiso, el sentido de pertenencia, la seguridad y la aceptación".

El Periódico

- ¿Consideras que la fidelidad y la confianza son elementos fundamentales en las relaciones humanas?
- Según la tradición bíblica, ¿qué tipo de relación establece Dios con su pueblo?

COMPRENDEMOS

Dios se revela en la historia

Dios se ha hecho presente en la vida de los seres humanos. Él ha tomado la iniciativa de comunicarse y manifestarse como es. Ha sido un acto totalmente libre, que ha hecho posible que se le conozca y que se pueda mantener una relación personal con él. La Biblia transmite cómo Dios ha querido ofrecer su salvación y su proyecto de amor para toda la humanidad. Lo ha hecho de forma progresiva y de un modo que pueda ser entendido por todos. Se revela primeramente en la historia del pueblo de Israel.

Israel. El pueblo de la alianza

Dios escoge al pueblo de Israel para revelarse y comenzar con él una historia de amor y fidelidad. El medio concreto para propiciar este encuentro es la alianza (**berit**). El pueblo de Israel entiende la alianza como un pacto de amor y compromiso de Dios con su pueblo. Es una relación especial y novedosa. Por medio de ella se establece una relación de parentesco entre Dios y el pueblo judío. Él se compromete a ofrecer su salvación y su justicia a cambio de que le reconozcan como el único Dios y Señor. Esta relación de amor implica un profundo compromiso mutuo de fidelidad.

La Biblia nos presenta las diferentes alianzas que Dios ha hecho en la historia de Israel: Adán y Eva, Noé, Abrahán, Moisés, el rey David, los profetas... Para los cristianos, Jesús de Nazaret es la revelación definitiva de Dios. Con él se inaugura una nueva alianza.

VOCABULARIO

berit: término hebreo para designar la palabra *alianza*. Es un pacto o convenio que se hace entre personas iguales o entre señores y vasallos. El Antiguo Testamento hace referencia al pacto de Dios con el pueblo de Israel. Es algo más que un simple contrato, ya que no se intercambian propiedades materiales, sino compromisos y actitudes personales.

Abrán/Abrahán: el nombre de Abrahán significa etimológicamente 'padre de muchos pueblos' (*cf.* Gn 17,3). Dios le asigna este nuevo nombre al realizar un pacto con él. En el pueblo de Israel, el nombre va unido a la misión que Dios encomienda a la persona elegida. En el caso de Abrahán, ser el fundador de un gran pueblo.

La alianza de Dios con Abrahán. Un pueblo y una tierra

El primer encuentro personal de Dios en la historia de la humanidad, y que dará comienzo a la configuración de un gran pueblo, se realiza con **Abrahán**, un nómada que se dedicaba al pastoreo. Dios llama a Abrahán para que salga de su tierra con el fin de convertirle a él y sus descendientes en un gran pueblo.

Sal de tu tierra, de tu patria y de la casa de tu padre a la tierra que yo te mostraré. De ti haré una gran nación.

Gn 12, 1

A cambio de la promesa de una gran descendencia, Abrahán y sus descendientes deben reconocerle como un Dios único, abandonando la costumbre de los pueblos nómadas de adorar a múltiples dioses. Dios se manifiesta a Abrahán en el encinar de Mambré, y allí construirá un altar al Dios único, Yahvé, como recuerdo de la promesa. Esta alianza implica, además, romper con los vínculos apoyándose solamente en la palabra de Yahvé: una tierra desconocida, una descendencia y la protección constante de Dios. El signo externo de la alianza entre Dios y Abrahán será la circuncisión. Es la condición que Abrahán y sus descendientes deberán cumplir.

Moisés. El Dios liberador

La desobediencia al plan de Dios lleva a Jacob, hijo de Isaac y nieto de Abrahán, junto a sus descendientes, a vivir como esclavos del faraón de Egipto, que los humilla y les hace sentirse un pueblo inferior. Dios, que mantiene su palabra y su promesa, toma nuevamente la iniciativa de hacerse presente en la historia de Israel. Elige a Moisés para liberar a los hebreos de la opresión de Egipto.

Moisés vivía en Madián junto a su familia. Allí, Dios le revela que ha escuchado los gritos de dolor de su pueblo y le comunica su voluntad de liberarlo de la esclavitud. Después de huir de Egipto, mientras caminaban por el desierto, Dios renueva la alianza en el monte Sinaí. La Ley será el signo de este nuevo pacto. Los diez mandamientos y la experiencia de la liberación, **Pesaj**, se convertirán desde este momento en el fundamento de la vida del pueblo hebreo. Josué, sucesor de Moisés, guía al pueblo de Israel a Canaán, la Tierra Prometida. Allí se establecen, cumpliéndose la promesa que Dios había hecho a Abrahán de que Israel tendría una tierra en propiedad.

David. Un pueblo de reyes

Después de un tiempo bajo el gobierno de los jueces, líderes militares que gobernaban y defendían al pueblo, el profeta Samuel, por mandato de Dios, unge a un rey para que establezca el orden y la justicia en su pueblo.

Dios escoge a David para suceder en el trono al rey Saúl, primer rey de Israel, que había tenido un reinado poco grato a los ojos de Dios. El nuevo rey de Israel tendría que gobernar con sabiduría y justicia, haciendo así presente a Dios en medio de su pueblo. Dios afianza y renueva la alianza en la persona del rey David. Esta alianza implica la construcción de la casa de Dios, el Templo, a cambio de un reino que durará para siempre. El Templo de Jerusalén, que construirá el rey Salomón, y el trono real, serán los signos de esta alianza.

VOCABULARIO

Pesaj: significa 'Pascua'. Es la fiesta más importante del judaísmo. En ella se celebra cómo Dios liberó al pueblo judío de la esclavitud de Egipto.

Elementos en la alianza bíblica

- **Mediador.** Persona con la que Dios se encuentra y establece la alianza.
- **Promesa.** Propuesta que hace Dios al ser humano.
- **Compromiso o condiciones.** Exigencias que Dios pide para establecer la alianza.
- **Signo.** Objeto o acción externos que ponen de manifiesto la alianza pactada entre Dios y la humanidad.

APLICAMOS

1 Sintetiza y completa. ¿En qué momentos de la historia de Israel se cumple la promesa? ¿Quiénes son los protagonistas principales?

- Promesa de Dios: descendencia numerosa
  - Momento histórico: ● ● ● ● ● ● ● ● ● ● ● ● ●
  - Personaje en quien se cumple: ●
- Promesa de Dios: una tierra nueva en la que habitar
  - Momento histórico: ● ● ● ● ● ● ● ● ● ● ● ● ●
  - Personaje en quien se cumple: ●
- Promesa de Dios: una descendencia real
  - Momento histórico: ● ● ● ● ● ● ● ● ● ● ● ● ●
  - Personaje en quien se cumple: ●

2 Resuelve este acróstico.

1			A	●	●	●		
2	●	●	L	●	●	●	●	●
3		●	I	●	●	●		
4		●	A	●	●	●	●	
5			N	●	●	●	●	
6	●	●	Z	●	●	●	●	
7		●	A	●				

1. Personaje del Antiguo Testamento con el que Dios establece una alianza.
2. Una de las características de Dios que aparecen en el Antiguo Testamento.
3. Lugar en el que Dios realiza una alianza con Moisés.
4. Encinar en el que Dios se revela a Abrahán.
5. Nombre del profeta que Dios envía al rey David.
6. Lugar en el que vivió gran parte de su vida la persona en la que se cumplen todas las promesas del Antiguo Testamento.
7. Primer rey de Israel.

2 Fiel en la infidelidad

NOS ACTIVAMOS

G I **Razona y deduce.** En nuestra experiencia diaria establecemos relaciones de fidelidad con las personas que amamos. Deseamos estar unidos a ellas y compartir nuestro destino juntos. A pesar de tener estos sentimientos, en muchas ocasiones optamos por romper esta relación de confianza. Las razones para hacerlo pueden ser diferentes: sentir amenazada nuestra libertad, creernos más poderosos, querer cosas nuevas…

- En tu opinión, ¿qué razones llevan al ser humano a no ser fiel a sus compromisos?
- ¿Cómo se puede reparar una relación de confianza cuando se ha sido infiel?

COMPRENDEMOS

El pueblo de Israel se olvida de la alianza con Dios

El deseo de Dios es revelar su plan de salvación para toda la humanidad. Por ello, escoge a un pueblo concreto, el pueblo de Israel, para que sea testigo de la intervención de Dios en favor de los seres humanos. Realiza con ellos una alianza que implica vivir en fidelidad. La Biblia nos cuenta cómo el pueblo de Israel olvidó reiteradamente este compromiso. En muchas ocasiones desprecian la palabra dada por Dios. En esos momentos, Dios se mantiene fiel a su promesa y renueva la alianza con su pueblo. Ante la infidelidad, Dios permanece fiel. Él nunca se olvida de la palabra dada a su pueblo. Su amor es mucho más fuerte que los actos de rebeldía y abandono.

Evangelio etíope de san Mateo. La mano de Dios entrega a Moisés la tabla de la Ley.

El desierto. La prueba de la confianza en Dios

Después de la experiencia de liberación de la opresión de Egipto, el pueblo judío vuelve a reconocer a Yahvé como su único Dios y Señor. Los israelitas sienten su presencia cercana y experimentan su fidelidad permanente. Quedan impactados por su extraordinaria actuación ante el faraón. Han visto su poder y su fuerza. Descubren que es fiel a su palabra y a su compromiso de salvación. A pesar de ello, cuando comienzan su peregrinación por el desierto y se presentan las primeras dificultades, el pueblo vuelve a dudar de Dios y comienza a quejarse y protestar.

> *Nos habéis sacado a este desierto para matar de hambre a toda la comunidad.*
>
> Ex 16,3

El mismo pueblo que lo había aclamado y exaltado en la victoria contra el faraón, ahora desconfía de su plan de salvación. El desierto se convierte en un lugar incómodo y con muy pocas seguridades. A pesar de todo lo visto y experimentado, ellos continúan dudando de la protección y el auxilio que Dios les proporciona.

Moisés sube al monte Sinaí para encontrarse con Dios y renovar la alianza. Yahvé quiere, una vez más, restablecer el pacto de fidelidad con su pueblo. Durante la ausencia de Moisés, los israelitas se impacientan y piensan que Dios los ha abandonado a su suerte. Se dirigen a Aarón, el hermano de Moisés, y le hacen una petición:

> *Anda, haznos un dios que vaya delante de nosotros, pues no sabemos qué ha sido de ese Moisés que nos sacó del país de Egipto.*
>
> Ex 31,1

El pueblo vuelve a la idolatría, apartándose del plan salvífico que Dios tiene proyectado. Yahvé, que siempre es fiel, renueva la alianza con Israel. Les entrega su Ley, les da su protección y los guía hasta la Tierra Prometida. Este acontecimiento refuerza la fe de Israel, que reconoce a un Dios vivo que acompaña a su pueblo en todo tiempo y lugar y que se manifiesta siempre como el señor de su historia.

Monte Sinaí

David. El rey que siente el amor auténtico de Dios

El rey David también había experimentado el poder y la protección de Dios. Desde su infancia es elegido por Dios para manifestar ante el pueblo de Israel que Dios sigue actuando en su favor. David confía plenamente en la palabra de Dios. Se enfrenta al gigante Goliat, un guerrero filisteo, porque tiene una fe profunda en que tendrá el auxilio de Dios. La victoria es la garantía de que Yahvé no abandona a su pueblo.

Al igual que había ocurrido en el desierto con el pueblo de Israel, David se olvida de Yahvé y de su plan de salvación. Se siente poderoso en su trono y no cumple la ley de Dios. El reino está en guerra y todos los hombres están en la batalla. David se queda en su palacio, incumpliendo su deber de dirigir a los soldados. Comienza a descuidar la misión que Dios le había encomendado. Se enamora de Betsabé, esposa de Urías, y esta queda embarazada del rey David. Para ocultar su pecado ante el pueblo, abusa del poder que Dios le había concedido. Manda a Urías a una misión en el campo de batalla de la que no volverá con vida. Dios reprende a David por sus actuaciones. Son contrarias al deseo y al proyecto que Dios ha trazado para su pueblo. Envía al profeta Natán para que denuncie su pecado.

> *¿Por qué menospreciaste a Yahvé haciendo lo malo a sus ojos, matando a espada a Urías el hitita, tomando a su mujer por mujer tuya?*
>
> 2 Sam 12,9

David se arrepintió profundamente de su pecado, restableciendo la relación con Yahvé, que perdona su mala acción. Este hecho revela a un Dios compasivo y misericordioso, que no lleva cuenta de los males cometidos, sino que busca el arrepentimiento sincero. Dios será fiel a su promesa y mantendrá el reinado de David en su descendencia por siempre.

Misericordia,
Dios mío, por tu bondad,
por tu inmensa compasión
borra mi culpa;
lava del todo mi delito,
limpia mi pecado.
Pues yo reconozco mi culpa,
tengo siempre presente mi pecado:
contra ti, contra ti sólo pequé,
cometí la maldad
que aborreces.
En la sentencia tendrás
razón, en el juicio
resultarás inocente.
Mira, en la culpa
nací, pecador me
concibió mi
madre.
Te gusta un
corazón sincero,
y en mi interior
me inculcas
sabiduría.
Salmo 50

Estatua del rey David, por Juan Bautista Monegro, sobre la fachada de la Basílica del Real monasterio de San Lorenzo del Escorial. Madrid

APLICAMOS

1 Lee y responde.

> *Dad gracias al Señor porque es bueno, porque es eterna su misericordia.*
>
> 1 Cr 16,34

> *Te doy gracias, Señor, porque estabas airado contra mí, pero ha cesado tu ira y me has consolado. Él es mi Dios y salvador: confiaré y no temeré, porque mi fuerza y mi poder es el Señor, él fue mi salvación.*
>
> Is 12,1-3

- ¿Qué imagen de Dios aparece en los textos?
- ¿Qué actitudes valora Dios en aquellos que han sido infieles a su promesa?
- ¿Cuál es la respuesta que dan los que han sentido el perdón y la misericordia de Dios?

2 Lee y responde. Encuentra en este crucigrama 12 palabras que tienen relación con personas, lugares y signos de la alianza de Dios con su pueblo.

L	J	H	I	F	E	H	D	B	S	U	Q	I	D	S	E	Q
L	E	E	D	A	V	I	D	V	I	K	Q	F	E	C	E	V
M	I	Y	Q	T	T	Q	Y	O	N	T	O	J	S	I	H	D
H	H	B	E	U	E	R	Y	E	A	Z	P	X	I	H	I	Q
A	A	I	E	S	T	M	O	N	I	U	M	C	E	U	A	B
R	A	D	P	R	R	I	P	N	N	Q	U	Z	R	P	B	F
O	K	D	I	E	A	V	E	L	O	S	Z	U	T	G	R	R
X	I	Y	Y	O	I	C	Y	R	O	T	E	R	O	Z	A	R
V	P	I	B	E	A	P	I	U	R	O	D	U	J	C	H	O
I	X	Y	I	X	E	E	U	O	H	A	Y	C	O	T	A	R
D	J	A	O	D	Z	J	E	E	N	X	O	N	E	B	M	T
N	Z	I	L	I	S	H	I	F	I	D	E	L	I	D	A	D
K	O	D	X	V	M	O	P	H	U	M	Y	K	N	E	N	Z
Z	U	D	L	K	R	T	V	U	T	X	X	I	Q	E	E	O
P	X	N	T	D	T	E	M	P	L	O	K	O	Q	O	I	A
X	A	O	J	O	I	Z	Y	G	I	Y	K	B	E	D	X	K
I	U	M	A	I	M	O	I	S	E	S	G	O	F	S	A	U

3 ¿Sigue siendo fiel Dios hoy?

NOS ACTIVAMOS

Lee y reflexiona. María Isabel Azcárate fue misionera en Madagascar, en donde estuvo trabajando con niños con discapacidades físicas.

Yo transmitía la fe por medio de mi amor

"Después de un tiempo en la misión, la gente empezaba a preguntar: '¿Quiénes sois? ¿Por qué venís a nosotros? ¿En qué creéis?'". Esta experiencia se repitió años después, cuando la misionera trabajaba en un hospital para personas con enfermedades respiratorias y tuvo que tratar a algunos enfermos graves de tuberculosis, que sentían un rechazo fuerte hacia los blancos. "Cuando volvieron a sus pueblos, les dijeron a los misioneros de allí: 'Quiero aprender lo que lleváis en el corazón'". Mi lema siempre ha sido: "Ir donde te necesitan, aunque sea duro. Y salir cuando ya no te necesiten, aunque ya no sea duro".

Alfa y Omega, 19-10-2017

- ¿Cómo actualiza esta misionera la promesa de amor y salvación de Dios a los seres humanos?
- ¿Qué razones pueden llevar a una persona a dejarlo todo por ayudar a los más necesitados?

COMPRENDEMOS

La antigua alianza. Preparación para el encuentro definitivo con Dios

Durante el reinado del rey David Israel vivió en paz, unidad y prosperidad. Su sucesor, el rey Salomón, comenzó también a adorar a otros dioses, olvidándose del Dios único de Israel. Yahvé anuncia a Salomón que, por no haber sido fiel a la alianza, dividiría el reino (*cf.* 1 Re 10,11). Al morir Salomón, una guerra civil separa el reino del norte, Israel, y el reino del sur, Judá. Con el tiempo, el reino de Israel sería conquistado por Asiria y el reino de Judá por Babilonia. El pueblo de Israel comienza a vivir una etapa difícil de su historia. Es exiliado de la tierra que Yahvé había prometido a sus padres. El reino del sur volvería del exilio, pero permanecería bajo la autoridad de los babilonios en un principio, seguidos de los persas, los griegos y, finalmente, los romanos. A lo largo de todo este tiempo, los profetas continúan recordando al pueblo de Israel que Dios no lo ha abandonado. Les anuncian a los hebreos la llegada de un Mesías, del **Ungido de Dios**, que vendría a liberarlos y a restaurar la alianza de Yahvé con su pueblo.

VOCABULARIO

ungido: en el pueblo judío era común derramar aceite sagrado sobre las cabezas de personas que habían sido elegidas por Dios para realizar una misión especial. Era común que los antiguos reyes de Israel fueran ungidos para recibir la fuerza que provenía de Dios y así gobernar con sabiduría y justicia a su pueblo.

La nueva y definitiva alianza. Jesús de Nazaret

En este contexto histórico, Dios envía a su propio Hijo, Jesucristo, para establecer la nueva y definitiva alianza. Desde este momento, todas las alianzas pactadas con Dios en el pasado serán vistas como una preparación progresiva de Dios a la revelación definitiva, que tendrá lugar en la persona de Jesús de Nazaret.

Dios cumple y actualiza todas las promesas recogidas en el Antiguo Testamento en la vida y acciones de Jesús de Nazaret. Ya no serán exclusivas de un único pueblo, el pueblo de Israel, sino que irán dirigidas a toda la humanidad. Esta nueva alianza sellará un pacto eterno entre Dios y la humanidad que ya no se podrá romper. Es la alianza definitiva que reconcilia para siempre al ser humano con Dios.

La vida, muerte y resurrección de Jesús sellan esta nueva alianza. La nueva alianza no se va a fundamentar en el miedo o en el temor, sino en el amor sincero y misericordioso que siente Dios por el ser humano. Es el nuevo rostro de Dios revelado por Jesús. Un Dios Padre que invita a todas las personas a vivir unidas a él, formando el nuevo pueblo de Dios. Jesús anuncia y hace presente el reino de Dios, entendido como una vida plena para todos, que se va construyendo cuando hay un compromiso sincero en la edificación de un mundo más justo y solidario.

Jesús no es simplemente el mediador de esta nueva alianza, sino el cumplimiento definitivo de la promesa salvadora de Dios. Los pobres, los que sufren, los excluidos, aquellos que no encuentran sentido a lo que les ocurre, son los que experimentan hoy en sus vidas la fidelidad de Dios, que se ha hecho hombre para darles esperanza y una razón para seguir viviendo.

Habiendo amado a los suyos que estaban en el mundo, los amó hasta el extremo.

Jn 13,1

La eucaristía. La alianza del amor

El pueblo de Israel sellaba las alianzas con Dios por medio de un sacrificio de animales. Este rito tenía un significado muy profundo. Los judíos consideraban que en la sangre estaba la vida. Dar la sangre era dar la vida. Cuando la víctima era sacrificada, se dividía en dos. Una parte se ofrecía a Yahvé y la otra la consumía la persona que estuviese realizando el rito. Este gesto daba lugar a un banquete ritual, que simbolizaba la unión del pueblo de Israel con Dios.

La noche en la que los hebreos iban a ser liberados de la esclavitud de Egipto, celebraron una cena ritual. La cena de la Pascua. En ella tenían que sacrificar un cordero y comerlo en familia. Los judíos repetían todos los años esta cena en recuerdo de la acción salvadora de Dios. Jesús también celebró esta cena con sus discípulos, pero actualizando su significado y convirtiéndola en el signo de la nueva alianza.

> *Tomad, esto es mi cuerpo. [...] Esta es mi sangre de la alianza que es derramada por muchos.*
>
> Mc 14,23

Ya no es la sangre de animales la que se ofrece, es la de Jesús. Es la entrega voluntaria y generosa de su vida a Dios Padre por amor al ser humano. La muerte y resurrección de Jesús, el Hijo de Dios, establece la alianza definitiva entre Dios y la humanidad. Cada vez que se celebra la eucaristía, se actualiza esa alianza mostrando la fidelidad de Dios con el ser humano y el amor manifestado en la persona de su Hijo.

Papa Francisco
@Pontifex_es

Mientras los grandes de la Tierra construyen tronos para su propio poder, Dios elige un trono incómodo, la cruz, donde reina dando la vida.

APLICAMOS

1 Lee y piensa.

- Por amor, Dios se ha revelado y se ha entregado al hombre. De este modo da una respuesta definitiva y sobreabundante a las cuestiones que el hombre se plantea sobre el sentido y la finalidad de su vida.
- Dios se ha revelado al hombre comunicándole gradualmente su propio Misterio mediante obras y palabras.
- Más allá del testimonio que Dios da de sí mismo en las cosas creadas, se manifestó a nuestros primeros padres. Les habló y, después de la caída, les prometió la salvación, y les ofreció su alianza.
- Dios selló con Noé una alianza eterna entre él y todos los seres vivientes. Esta alianza durará tanto como dure el mundo.
- Dios eligió a Abrahán y selló una alianza con él y su descendencia. De él formó a su pueblo, al que reveló su ley por medio de Moisés. Lo preparó por los profetas para acoger la salvación destinada a toda la humanidad.
- Dios se ha revelado plenamente enviando a su propio Hijo, en quien ha establecido su alianza para siempre. El Hijo es la Palabra definitiva del Padre, de manera que no habrá ya otra revelación después de él.

CIC n.º 68 -73

- Dibuja una línea del tiempo en la que, siguiendo el texto del Catecismo de la Iglesia Católica, aparezcan las sucesivas alianzas que Dios ha establecido con la humanidad.
- ¿Cuál es la razón última por la que Dios se ha querido revelar a la humanidad?
- ¿Por qué Jesús de Nazaret es la revelación definitiva de Dios y ya no hay que esperar ninguna revelación más?

1 La experiencia de la alianza

Los países han establecido a lo largo de la historia alianzas para buscar el desarrollo, la paz y la supervivencia de los pueblos. La ONU es una de las instituciones que fundamentan las relaciones entre países en la fidelidad y el compromiso por hacer un mundo más justo.

Transformar nuestro mundo: la Agenda 2030 para el Desarrollo Sostenible

Las Naciones Unidas pueden tomar medidas sobre los problemas que enfrenta la humanidad en el siglo XXI, como la paz y la seguridad, el cambio climático, el desarrollo sostenible, los derechos humanos, el desarme, el terrorismo, las emergencias humanitarias y de salud, la igualdad de género, la gobernanza, la producción de alimentos y mucho más.
Para encontrar soluciones a algunos de los grandes problemas que afectan a toda la humanidad, han establecido una serie de objetivos, asumidos por todas las naciones, que han de ser conseguidos en el año 2030.
"Estamos decididos a movilizar los medios necesarios para implementar esta Agenda mediante una Alianza Mundial para el Desarrollo Sostenible revitalizada, que se base en un espíritu de mayor solidaridad mundial y se centre particularmente en las necesidades de los más pobres y vulnerables, con la colaboración de todos los países, todas las partes interesadas y todas las personas".

Resolución de la Asamblea General de la ONU, 25-09-2015

1 Lee y contesta.

- ¿Cuál es el objetivo de estas alianzas que establece la ONU entre los pueblos?
- ¿Por qué te parece importante que haya alianzas entre las naciones?
- ¿Consideras que se podrían erradicar las situaciones de injusticia, como pretende la ONU, si no hubiera un espíritu de mayor solidaridad de los países por ayudar a los más necesitados?
- ¿Qué elementos comunes encuentras ente esta alianza entre las naciones y la alianza que Dios estableció con el pueblo de Israel?

2 Fiel en la infidelidad

El ser humano no siempre se ha mantenido fiel a Dios. La envidia, la injusticia y las ansias de poder han roto esa relación. Hoy sigue siendo infiel a la voluntad de Dios cuando atenta contra su creación y contra cualquiera de las criaturas que habitan el planeta.

"Dios perdona siempre; los hombres, algunas veces; la naturaleza, nunca".

La magnitud del desafío ecológico es colosal. En los últimos cinco años, los desastres ambientales relacionados con el calentamiento global han dejado más de 112 000 muertos. El número de quienes han visto sacudidas sus vidas por el aumento del nivel del mar, los huracanes, las sequías, las inundaciones y otras manifestaciones de este problema supera los 650 millones. Son, en la inmensa mayoría de los casos, las personas pobres quienes sufren las consecuencias de la contaminación generada en gran parte en los países ricos. El cambio climático es el fenómeno planetario del maltrato al que se somete a la naturaleza, visible en todas las naciones y en infinidad de formas y grados. Es un desafío medioambiental, social, económico y también moral, que interpela a los cristianos por el designio de Dios de ser el hombre el custodio de la creación. El desafío es cómo presentar la tensión entre la humanidad y su forma de cuidar la Tierra. Hay dos pilares. El primero es que las personas tienen que utilizar los recursos para el bien común. Lo que Dios creó es para todos los seres humanos. La persona humana tiene que estar en el centro de cualquier uso de los bienes de la Tierra. La segunda tensión viene de si es o no sostenible la forma en que usamos el mundo. ¿Puede la vida mantenerse así en el futuro? ¿O habrá un momento en que el abuso de los recursos será tan grande que el mundo no podrá ya mantener la vida humana?

Vida Nueva

1 Lee y reflexiona.

- ¿Qué opinión general te merece este artículo?
- ¿Piensas que es una infidelidad a Dios no cuidar de la creación?
- ¿Por qué el no cuidar de la Tierra ni del uso de los recursos para el bien común genera pobreza y mayores situaciones de desigualdad?
- ¿Cómo podríamos hacer un mundo más sostenible para todos, cumpliendo así el deseo de Dios, que ofrece su creación para el disfrute de toda la humanidad?

3 ¿Sigue siendo fiel Dios hoy?

Dios siempre se ha mantenido fiel a su promesa. Su fidelidad se muestra hoy en la entrega generosa de tantas personas que hacen presente con su vida el reino de Dios, denunciando las situaciones de pobreza y construyendo un mundo en el que todos mantengan viva la esperanza.

Fidelidad a Dios y fidelidad al ser humano convergen

Fidelidad al hombre significa salir de sí mismo para encontrarse con la persona concreta, con su rostro, su necesidad de ternura y misericordia, para sacarla del anonimato, de las periferias de la existencia. Fidelidad al hombre significa abrir los ojos y el corazón a los pobres, los enfermos, a los que no tienen trabajo, a los muchos heridos por la indiferencia y por una economía que descarta y asesina, abrirse a los prófugos que huyen de la violencia y la guerra. Fidelidad al hombre significa vencer a la fuerza centrípeta de los propios intereses, intereses egoístas, y dar cabida a la pasión por el otro, rechazar la tentación de la desesperación y mantener viva la llama de la esperanza.
De esta manera, la fidelidad a Dios y la fidelidad al hombre convergen en un movimiento dinámico que toma la forma del cambio de nosotros mismos y del cambio de la realidad, superando inmovilismos y conveniencias, creando espacios y trabajo para los jóvenes y para su futuro.

Papa Francisco, 23-11-2017

1 Analiza y responde.

- ¿Qué significa ser fiel al hombre según este texto?
- ¿Cómo Dios sigue mostrándose fiel a tantas personas que viven en situaciones de pobreza e injusticia?
- ¿Se puede ser fiel a uno mismo sin ser fiel al prójimo?
- ¿Por qué crees que el papa Francisco considera que es importante crear espacios y trabajo para los jóvenes y para su futuro?

Resumimos

es.smSiloe.com
RESUMO
Ruleta de palabras

1 La experiencia de la alianza

- Dios se revela en la historia del pueblo de Israel y establece una alianza con Abrahán.
- Se compromete a darle una tierra y una descendencia como las estrellas del cielo a cambio de que se le reconozca como él único Dios de Israel y de que el pueblo se mantenga fiel a la promesa.
- Con Moisés y David, Dios actualiza la alianza hecha con Abrahán. Revela a Israel su Ley y su deseo de hacer de él un gran pueblo.

2 Fiel en la infidelidad

- Dios se muestra siempre fiel. El pueblo de Israel se olvida de cumplir su parte de la alianza pactada con Dios.
- La desconfianza en Dios que el pueblo manifiesta en su peregrinar por el desierto, después de la liberación de Egipto, obliga a renovar su alianza en la persona de Moisés, a la que Dios le revela su nombre: Yahvé.
- Dios busca más el arrepentimiento que el castigo y la venganza.

3 ¿Sigue siendo Dios fiel hoy?

- Toda la historia de Israel presenta la fidelidad de Dios al pueblo a pesar del incumplimiento de la promesa. Es una preparación para la alianza de Dios con la humanidad.
- En Jesús, Dios sella un pacto nuevo y eterno con la humanidad que ya nada ni nadie podrá romper.
- La eucaristía es el sacramento que hace presente a Jesucristo, que entrega su vida por amor al ser humano y que le ofrece la salvación que proviene de Dios.

es.smSiloe.com
ME AUTOEVALÚO
¿Qué he aprendido?

Dios amantísimo, buscando y preparando solícitamente la salvación de todo el género humano, con singular favor se eligió un pueblo, a quien confió sus promesas. Hecho, pues, el pacto con Abrahán y con el pueblo de Israel por medio de Moisés, de tal forma se reveló con palabras y con obras a su pueblo elegido como el único Dios verdadero y vivo, que Israel experimentó cuáles eran los caminos de Dios con los hombres, y, hablando el mismo Dios por los profetas, los entendió más hondamente y con más claridad de día en día, y los difundió ampliamente entre las gentes.

DV 14

Tras el pecado de Israel, que se apartó de Dios para adorar al becerro de oro (*cf.* Ex 32), Dios escucha la intercesión de Moisés y acepta marchar en medio de un pueblo infiel, manifestando así su amor.
Al revelar su nombre, Dios revela, al mismo tiempo, su fidelidad, que es de siempre y para siempre, valedera para el pasado ("Yo soy el Dios de tus padres", Ex 3,6) como para el porvenir ("Yo estaré contigo", Ex 3,12). Dios, que revela su nombre como "Yo soy", se revela como el Dios que está siempre allí, presente junto a su pueblo para salvarlo.

CIC n.º 207 y 210

Dios ha visitado a su pueblo (*cf.* Lc 1,68), ha cumplido las promesas hechas a Abrahán y a su descendencia (*cf.* Lc 1,55); lo ha hecho más allá de toda expectativa: él ha enviado a su "Hijo amado" (Mc 1,11).
Jesús quiere decir, en hebreo, 'Dios salva'. En el momento de la anunciación, el ángel Gabriel le dio como nombre propio el nombre de Jesús, que expresa a la vez su identidad y su misión (Lc 1,31). Ya que "¿Quién puede perdonar pecados, sino solo Dios?" (Mc 2,7), es él quien, en Jesús, su Hijo eterno hecho hombre, "salvará a su pueblo de sus pecados" (Mt 1,21). En Jesús, Dios recapitula así toda la historia de la salvación en favor de los hombres.

CIC n.º 422 y 430

Expresar la vida

Las personas tenemos diferentes maneras de expresarnos. El lenguaje verbal es la manera más habitual de decir lo que pensamos y sentimos, por ello, es la más importante o la más significativa. Nuestro lenguaje verbal, para tener credibilidad, debe estar sustentado en un lenguaje gestual o corporal. Vivimos sin tomar conciencia de la importancia de los pequeños detalles y la gran significación que tienen para las personas que nos rodean.

El beso transmite un mensaje clarísimo sin tener que utilizar ninguna palabra. Por medio del beso manifestamos nuestro cariño, agradecimiento, alegría, confianza y amor a las personas. Con cada beso se pretende transmitir lo que se siente, pero también provocar una reacción en la otra persona, si se siente triste o necesita de consuelo.

- ¿Por qué consideras que los besos transmiten más información a las personas que las palabras?
- ¿Crees que los besos manifiestan fidelidad a un amigo, a una pareja, a los padres?

GUSTAV KLIMT, *El beso*

Posiblemente, *El beso*, pintado por el austriaco Gustav Klimt entre 1907-1908, sea el beso más famoso de la historia del arte y uno de los cuadros más célebres del mundo. Pertenece a la etapa dorada del autor, en la que es evidente la influencia del arte bizantino que pudo ver en Italia. Es una de las joyas de la Galería Belvedere de Viena. Los cuerpos de los amantes, profusamente decorados, parecen fundirse en uno solo. En el entrelazamiento de las capas sucede *El beso*, donde el hombre pierde la cabeza, literal y figurativamente, para darle el beso a la mujer. Ella, aunque se aparte, se deja llevar en el abrazo; con los ojos cerrados y el cuerpo sin resistencia.

Los amantes expresan la conexión de energías opuestas representadas por la decoración de sus vestidos. El hombre presenta un contraste blanco y negro, mostrando su fuerza cuando atrae a la mujer en sus brazos. La mujer equilibra esta energía con su calor y color, que se retroalimenta de la 'madre naturaleza' a través de los hilos de flores que salen de sus pies.

El cuadro *El beso* representa el sentimiento de la pérdida de uno mismo que los amantes sienten. La sensación de amor pleno, fiel y espiritual.

[APLICAMOS]

Nos unimos en grupos de 4 personas para crear un powerpoint en el que presentaremos imágenes que, de forma simbólica, representen para nosotros gestos de fidelidad y de amor sincero entre las personas. Una vez realizada la actividad, la presentaremos al resto de nuestros compañeros explicándoles por qué hemos elegido esas imágenes y qué significado tienen para nosotros.

EN LA BIBLIA

Una palabra cumplida

Dios cumplió su promesa. Liberó al pueblo de la esclavitud, lo guio por el desierto y le entregó la Tierra Prometida. En Josué se hace realidad la promesa de la Tierra Prometida que Dios había hecho a Abrahán. ¿Quién era Josué?

1 Josué

Moisés había elegido a Josué como sucesor porque lo consideraba el más idóneo para continuar guiando al pueblo. Moisés le había instruido adecuadamente y le había impuesto las manos, transmitiéndole sus poderes. Al final de los cuarenta años en el desierto, Moisés, por orden de Dios, puso a Josué ante el sumo sacerdote y delante de toda la asamblea, para conferirle públicamente la sucesión del mando. Justo antes de la muerte de Moisés, los dos entraron en el tabernáculo, a fin de que Josué fuera consagrado por Yahvé para el puesto de lider del pueblo que entrará en la Tierra Prometida.

Fresco de los patriarcas Moisés, José, Abrahán y Josué. Iglesia de San Dalmazzo (Turín)

2 Os voy a dar toda la tierra

En el libro de Josué estamos a punto de contemplar cómo se va a cumplir la promesa que Dios hizo al patriarca Abrahán –aunque no se le mencione en el texto– de dar a sus descendientes la tierra que pisaba. No obstante, este texto exagera e idealiza la descripción de las fronteras de la tierra, ya que en ninguna época Israel logró tener esas dimensiones que se mencionan.

JOSUÉ 1,1-9

Misión de Josué

Después de la muerte de Moisés, siervo del Señor,
1 *dijo el Señor a Josué, hijo de Nun, ayudante*
de Moisés:
—Moisés, mi siervo, ha muerto.
Anda, pasa el Jordán con todo este pueblo,
en marcha hacia el país que voy a darles
2 *a los hijos de Israel. Os voy a dar toda la tierra*
en la que pongáis la planta de vuestros pies,
como le prometí a Moisés. Vuestro territorio
se extenderá desde el desierto hasta el Líbano,
y desde el gran río Éufrates hasta el
3 *Mar Grande, en occidente (toda la tierra de los*
hititas). Mientras vivas, nadie podrá resistirte.
Como estuve con Moisés, estaré contigo;
no te dejaré ni te abandonaré.
¡Ánimo, sé valiente!, que tú repartirás
a este pueblo la tierra que prometí
con juramento a sus padres.
Tú ten mucho ánimo y sé valiente para cumplir
toda la ley que te dio mi siervo Moisés;
4 *no te desvíes a derecha ni a izquierda*
y tendrás éxito en todas tus empresas.
5 *Que el libro de esta ley no se te caiga*
de los labios; medítalo día y noche, para poner
por obra todo lo que se prescribe en él;
así tendrás suerte y éxito en todas tus empresas.
Lo que yo te mando es que tengas valor
y seas valiente. No tengas miedo ni te acobardes,
6 *que contigo está el Señor, tu Dios, en cualquier*
cosa que emprendas.

3 Mar Grande

"Mar Grande" es como en la Biblia se llama al mar Mediterráneo. En la tierra de Israel había otro "mar" interior, que era lo que nosotros denominamos hoy mar Muerto y que en la Biblia recibe otros nombres, como "mar de la Sal", "mar de la Arabá (desierto)" o "mar del Asfalto", entre otros.

La cantidad de sal en el mar Muerto es, aproximadamente, diez veces la salinidad del océano

4 No te desvíes a derecha ni a izquierda

No desviarse a derecha o izquierda es una forma gráfica de hablar de un comportamiento *recto* (no desviado). No es casualidad que, en el mundo moral y de los valores, la *rectitud* tenga que ver con el *derecho* y la justicia.

5 El libro de esta ley

La ley que Israel debe cumplir es la que, según la Biblia, Dios dio a Moisés en el Sinaí y que quedó puesta por escrito en lo que los judíos llaman Torá, y los cristianos, Pentateuco (los cinco primeros libros de la Biblia). Aunque dentro del Pentateuco encontramos textos que originalmente pudieron ponerse por escrito independientemente, como el Decálogo u otros códigos legales.

6 Contigo está el Señor, tu Dios

Dos veces se dice en el texto que Dios está con su pueblo. Muy probablemente, esa es la experiencia que está en la base de la fe de Israel. Gran parte del Antiguo Testamento no es otra cosa que el relato de cómo Dios se fijó tanto en los patriarcas como en Moisés y el pueblo de Israel para estar con ellos y convertirlos en su heredad, como dice el siguiente texto: "Acuérdate de los días remotos, considera las edades pretéritas, pregunta a tu padre y te lo contará, a tus ancianos, y te lo dirán: cuando el Altísimo daba a cada pueblo su heredad y distribuía a los hijos de Adán, trazando las fronteras de las naciones, según el número de los hijos de Israel, la porción del Señor fue su pueblo, Jacob fue el lote de su heredad" (Dt 32,7-9).

[APLICAMOS]

G **Investigad.**

- Los israelitas estuvieron cuarenta años por el desierto, ¿qué les atraía de la Tierra Prometida?
- Señala en un mapa la tierra que se va a entregar a Josué según las fronteras que se mencionan.
- Investigad lo que significa *Mediterráneo* y quién empleaba esa denominación.
- ¿Por qué no conocemos nosotros el Mediterráneo como Mar Grande?

4 El Siervo de Yahvé

El valor de la entrega

¿Quién te parece que es el valiente? Ordena de mayor a menor.

- ☐ Quien ama sin esperar nada a cambio.
- ☐ Quien denuncia los abusos.
- ☐ Quien no se deja arrastrar por lo que otros piensan.
- ☐ Quien actúa con libertad.
- ☐ Quien se la juega por otra persona.

Los profetas de Israel denunciaron, como contrarias a la alianza, las injusticias contra los más vulnerables. Anunciaron un Salvador, el Siervo de Yahvé, que transformaría el dolor de los más desfavorecidos y cargaría con él; a través de la bondad, la entrega incondicional y el amor.

YouTube

¿Qué podemos hacer para evitar el sufrimiento de las personas que amamos y de los que padecen injustamente por las acciones humanas?

PARA EMPEZAR...

Sin nacionalidad

Cada diez minutos nace, en algún lugar del mundo, un niño sin nacionalidad. Al no estar adscrito a un Estado, se convertirá en apátrida y tendrá que sobrevivir sin la protección y los derechos que concede pertenecer a un país. La mayoría de los apátridas lo son porque viven en países en los que se les discrimina por su etnia, su religión o su género. Entre las consecuencias de ser apátrida, las más evidentes son que:

- Sin ciudadanía, una persona no puede votar en el país en el que vive.
- Viajar al extranjero es imposible, al no poder obtener el pasaporte.

Sin embargo, esto no frena la movilidad y muchos terminan siendo inmigrantes sin papeles allá donde van, con todo lo que ello conlleva: vivir en la clandestinidad, ser detenidos o devueltos al país del que proceden.

BBC Noticias, Mundo

Dialogamos

1. ¿Qué consecuencias tiene para un individuo nacer sin que se reconozcan sus derechos?
2. ¿Es posible que se dé una situación de mayor indefensión?
3. ¿Os parece justo que se le puedan negar los derechos a una persona en razón de su etnia, religión o género?

APRENDERÁS...

- La importancia que el pueblo judío da al concepto de justicia, entendida no solo en el orden jurídico, sino también como cumplimiento de los mandamientos divinos.
- Que los profetas son los que anuncian la llegada del Mesías y denuncian las desigualdades e injusticias que se dan en el pueblo de Israel, por ser contrarias a la voluntad de Dios.
- Que la esperanza en la llegada del Mesías se cumple en Jesús de Nazaret. Él practica un mesianismo desde el servicio y la entrega como Siervo de Yahvé.

es.smSiloe.com
ME PREGUNTO
¿Cuánto sé?

[1] Un Dios de justicia

NOS ACTIVAMOS

Leed y valorad. La injusticia social es un problema mundial. En todos los países y regiones del mundo se dan situaciones de desigualdad, que generan violencia, pobreza y exclusión social. El pueblo de Israel también vivió graves situaciones de injusticia, que eran totalmente contrarias al deseo y la voluntad de Dios.

- ¿Cuáles creéis que son las causas de que vivamos en un mundo tan desigual?

COMPRENDEMOS

El uso privado de la tierra provoca desigualdades

En la Biblia aparece claramente reflejado que la **justicia** es uno de los atributos de Dios. Sobre ella establece su relación con el ser humano y se muestra aborreciendo cualquier tipo de injusticia. Toda actuación de Yahvé es expresión de un Dios justo que rechaza los abusos sobre los más débiles y desfavorecidos.

Los orígenes de Israel como pueblo están muy vinculados a la promesa de Dios de la posesión de una tierra. Es un pueblo fundamentalmente agrícola y ganadero, por lo que la propiedad de una tierra cultivable cobra una gran importancia. Cuando Israel se asienta en la tierra de Canaán, la Tierra Prometida, comienza el reparto del territorio entre las diferentes tribus que lo habitan. Cada una recibirá su parte en función del número de miembros.

Has de repartir la tierra conforme al número de censados.

Num 25,53

Este criterio de igualdad y proporcionalidad es entendido por el pueblo de Israel como justicia, porque así ha sido establecido por Dios. El reparto se hace por sorteo, para evitar la influencia de intereses particulares y para manifestar la justicia divina. La posesión de la tierra comienza a identificar a la familia que la ocupa. Deja de ser un bien comunitario. Pasa de pertenecer a una tribu a ser posesión de un grupo reducido de personas. El israelita se convertía en el único propietario de su casa y de su tierra. Ello provoca que sus posesiones se conviertan en un instrumento ya no solo para el cultivo y la supervivencia, sino de protección, de aumento de riqueza y de seguridad. La tierra pasa a ser un bien muy codiciado. Con el paso del tiempo, la tierra se convierte en una fuente de violencia y de injusticia en el pueblo de Israel. La tierra que Dios ha dado generosamente a su pueblo, y ha repartido con justicia, se transforma ahora en una fuente permanente de conflictos.

VOCABULARIO

justicia: en el antiguo Israel, la justicia no solo es entendida en el orden jurídico, como distribución igualitaria de las propiedades, sino también como cumplimiento de los mandamientos divinos. Justicia significa fidelidad a la Ley de Dios.

La viuda, el huérfano y el emigrante. Excluidos

El deseo de tener más y acaparar nuevos bienes termina por generar situaciones de injusticia insostenibles en el pueblo de Israel. Algunos de sus miembros comienzan a vivir una dramática situación.

- La viuda no tenía derecho a heredar nada de su marido. Para asegurarse su sustento necesitaba de alguien que le diese su protección. La Ley de Dios obligaba a que fuera atendida por un pariente suyo cercano, lo que suponía una gran carga para él. Esta norma habitualmente no se cumplía.
- El huérfano vive también una situación muy complicada. En muchas ocasiones, el fallecimiento de su padre le hacía heredar las deudas que este había contraído. Al no estar protegido o tener unas deudas que no podía pagar, era tomado como esclavo, para así poder tener un medio de sustento o para pagar la deuda a los acreedores.

– El de los emigrantes es otro colectivo marginado y excluido. El emigrante es considerado como un extraño en el pueblo de Israel. No tiene ningún derecho a poseer tierra. Esta circunstancia le lleva a vivir una situación de indigencia que le hace depender de la limosna y la caridad.

La Ley de Dios obligará a proteger y ayudar al huérfano, a la viuda y al emigrante. Dios recuerda a Israel que ellos también fueron extranjeros y esclavos en Egipto.

No defraudarás el derecho del emigrante y del huérfano, ni tomarás en prenda las ropas de la viuda; recuerda que fuiste esclavo en Egipto.

Dt 24,17-18

VOCABULARIO

derecho: este término está muy relacionado con la responsabilidad. En el derecho bíblico la responsabilidad es objetiva y colectiva.

Es objetiva porque primeramente se ocupa de los daños causados a la víctima, la situación de injusticia que se produce y la reparación del mal provocado.

Es colectiva porque el responsable de indemnizar a la víctima no es un único individuo, sino toda la comunidad.

El poder que no está al servicio. La monarquía

Las mayores expresiones de injusticia en el pueblo de Israel se producirán durante el período de la monarquía. Dios elige a los reyes para que gobiernen al pueblo con sabiduría, justicia y **derecho**. De esta forma harían presente el plan de salvación de Dios para todo el pueblo de Israel. Todos los ciudadanos esperaban que el rey les trajera prosperidad y seguridad. Los reyes debían ser justos y constituir el consuelo de aquellos que ya no tenían ninguna esperanza. La realidad que vivió el pueblo de Israel fue bien distinta. Los reyes gobernaron atendiendo a sus intereses personales, legislando en favor de los ricos y poderosos, desobedeciendo de esta manera la voluntad de Dios. Durante esta época se cometen los mayores abusos contra el pueblo sencillo por parte de las autoridades que dirigen el país. Mientras los reyes, sus nobles y funcionarios viven en la grandeza de sus casa y palacios, el pueblo vive situaciones de pobreza y total abandono.

Los reyes y su Administración se dedican a expropiar tierras, cobrar impuestos, prestar dinero con elevados intereses, exigir tasas… sin tener en cuenta las necesidades y los lamentos de sus súbditos. En esta situación de desigualdad e injusticia, el Dios de Israel no se olvida de los pequeños y excluidos. Envía a los profetas para que denuncien en su nombre esta situación de abuso y superioridad, que no se ajusta a la alianza ni al plan de salvación que Dios tiene proyectado para su pueblo.

APLICAMOS

1 Lee y contesta.

– *Escucha las palabras del Señor, rey de Judá. Practicad la justicia y el derecho, librad al oprimido del opresor, no explotéis al forastero, al huérfano ni a la viuda, no derraméis sin piedad sangre inocente en este lugar.*

Jr 22,3

– *No violarás el derecho, no harás acepción de personas, no aceptarás soborno, porque el soborno cierra los ojos de los sabios y corrompe las palabras de los justos.*

Dt 16,19

– *Sus hijos no siguieron su camino: fueron atraídos por el lucro, aceptando regalos y torciendo el derecho.*

1 Sam 8,3

– *Ahora vuelven tus pecados pasados, cuando dabas sentencias injustas condenando inocentes y absolviendo culpables, contra el mandato del Señor.*

Dn 13,53

- ¿Qué prácticas injustas se denuncian en estos textos del Antiguo Testamento?
- ¿Cómo actúa Dios cuando estas prácticas comienzan a ser generalizadas entre el pueblo de Israel?

2 Piensa y responde.

- ¿Qué entiende el pueblo de Israel por justicia?
- ¿Cuáles son las razones por las que se generan situaciones de injusticia en Israel?
- ¿Cuál es la actitud de los dirigentes del pueblo de Israel ante las situaciones de injusticia?

2 La voz de los sin voz

NOS ACTIVAMOS

G I **Leed y responded.** Es necesario que haya personas que sean críticas con las situaciones de exclusión social y de injusticia que hay en el mundo. Sus palabras y sus gestos son una llamada de atención a todos los que mantienen estas desigualdades sin hacer nada por cambiarlas. Los profetas de Israel también actuaron con fuerza y valentía contra las situaciones de injusticia que tenían que soportar las clases más pobres y sencillas.

- ¿Por qué creéis que es necesario que en la sociedad haya hombres y mujeres que denuncien las injusticias y los abusos de poder?

COMPRENDEMOS

Los profetas. La voz de los sin voz

La situación de injusticia y desigualdad en Israel se había generalizado. El pueblo sencillo y humilde estaba sufriendo continuamente abusos de poder por parte de las autoridades. Los israelitas tenían la sensación de que Dios ya no estaba con ellos y los había abandonado a su suerte. En este contexto de desconcierto y desesperanza, el Dios de Israel no se olvida de su pueblo, especialmente de los más pequeños y vulnerables. Elegirá a unos hombres y mujeres del pueblo de Israel para que en su nombre denuncien, con la palabra y acciones simbólicas, las situaciones de abuso y superioridad que están sufriendo. Estas personas serán los profetas y las profetisas. Ellos denunciarán con fuerza y vigor que Israel no está actuando según el plan de salvación que Dios tiene proyectado para él. Ofrecen como solución la vuelta al espíritu de la alianza y al cumplimiento de las normas que en ella se establecieron.

Junto a los profetas, que actuaban en nombre de Dios, surgió otro grupo de personas, que decían actuar también en su nombre, pero que en realidad desvirtuaban su palabra y su mensaje. Para diferenciar los verdaderos profetas de los falsos, se establecen una serie de características que son propias de todo auténtico profeta.

- **Son hombres y mujeres inspirados.** Tienen una relación especial e íntima con Dios. Son transmisores de su palabra y de su denuncia ante las injusticias que vive el pueblo. Dios les comunica personalmente lo que tienen que decir y hacer.
- **Son públicos.** Su relación no es solamente con Dios. No viven apartados y ajenos a los acontecimientos. Están en contacto permanente con el pueblo. Su lugar está en las calles, en las plazas, en el Templo, en los palacios, allí donde la gente se reúne. Tienen un mensaje que va dirigido a todos los estamentos de la sociedad.
- **Son amenazados.** Son rechazados por los poderosos, por aquellos que no tienen la intención de escuchar la palabra de denuncia que proviene de Dios. Son criticados y despreciados. Tienen que soportar la persecución, la cárcel, la exclusión y, en algunas ocasiones, incluso la muerte.

Amós y Oseas. La palabra, el gesto y el amor

El profeta Amós era un hombre piadoso y trabajador. Le toca vivir en una sociedad de bienestar donde eran habituales la acumulación de riquezas, el afán por el lucro fácil y la explotación del débil. Los ricos eran cada vez más ricos, mientras que los pobres no podían salir de su situación de pobreza y marginación. Critica duramente el lujo de los ricos, por ser fruto del engaño y la injusticia a la que eran sometidos los ciudadanos modestos. Llama a la conversión auténtica del corazón, que se concreta en implantar la justicia en los tribunales, ya que juzgaban de forma arbitraria, provocando situaciones de desigualdad.

¿Cuántos son los profetas?

- **Cuatro mayores:** Isaías, Jeremías, Ezequiel y Daniel.
- **Trece menores:** Oseas, Joel, Amós, Abdías, Jonás, Miqueas, Nahum, Habacuc, Sofonías, Ageo, Zacarías, Malaquías y Baruc.

En Israel también hubo profetisas y mujeres que denunciaron las injusticias y que ayudaron con sus palabras y acciones al pueblo de Israel. Algunas de ellas son:

- Sara, mujer de Abrahán.
- Miryam, hermana de Moisés y Aarón.
- Débora, una de los jueces de Israel.
- Ana, madre de Samuel.
- Abigail, tercera esposa del rey David.
- Hulda, contemporánea de Jeremías.
- Ester; se convirtió en reina de Persia cuando se casó con el rey Asuero.

ALEXANDER LOBANOVSKY, *Débora la profetisa*

El profeta también se encuentra con una sociedad muy religiosa, con importantes lugares para el culto, pero que no era del agrado de Dios. Su práctica religiosa no se traducía en un estilo de vida que ayudara a los más necesitados y que estableciera relaciones de justicia y solidaridad. Esta situación no podía tener un buen fin. Dios llama a Amos para que, mediante sus gestos, denuncie la corrupción, la falta de moral y el culto vacío.

Al profeta Oseas (siglo VIII a.C., reino del norte) le toca vivir una etapa de decadencia económica y el final del reino de Israel. El pueblo está rindiendo culto al dios cananeo Baal. Se ha olvidado del Dios que los liberó de la esclavitud y que había establecido una alianza de fidelidad. Yahvé, el Dios único de Israel, no admite la idolatría. Llama a Oseas para que convenza al pueblo de Israel de que vuelva a ser fiel a Yahvé. El profeta, por mandato de Dios, realiza un gesto para llamar la atención del pueblo. Se casa con una mujer prostituta con la que tiene hijos bastardos, mujer que posteriormente lo abandona. Con esta acción, el profeta muestra cómo está siendo la relación de Dios con su pueblo. Dios es el marido fiel e Israel la esposa infiel que lo abandona. A pesar de su infidelidad, Dios perdona al pueblo por amor, antes incluso de su arrepentimiento, y quiere volver a recuperar la relación de fidelidad que se había perdido.

El profeta Oseas y la Sibila (detalle). Basílica de la Santa Croce; Florencia (Italia).

Isaías. El Mesías, Siervo de Yahvé

El profeta Isaías nació en el siglo VIII a.C., probablemente en Jerusalén. Este hecho influirá en su acción profética. Denuncia la corrupción de las autoridades, la codicia, la opresión de los gobernantes y la falta de juicios justos con los más desfavorecidos. El profeta anuncia que las promesas de Dios se cumplirán a pesar del pecado del pueblo de Israel. De forma particular se centra en la llegada de un nuevo Mesías, descendiente del trono de David, que devolverá al pueblo la esperanza perdida y que establecerá un nuevo orden social fundado en la justicia y el derecho. Isaías identifica a este nuevo Mesías con el Siervo de Yahvé. Su misión será traer la liberación y la salvación al pueblo, pero pasando voluntariamente por el sufrimiento, la humillación, el desprecio y el castigo. Entregará su vida por amor al pueblo y por fidelidad a la voluntad de Dios, que lo aceptará como sacrificio por los pecados y las injusticias causadas por el ser humano. Isaías es reconocido como el profeta de la esperanza, no porque confíe en que el pueblo cambie de actitud y vuelva a orientar su vida según la ley de Dios, sino porque espera la intervención de Dios en medio de su pueblo, enviando un Mesías sufriente, que por amor entregue su vida para hacer justicia a los pobres y oprimidos.

BAYEU Y SUBÍAS, FRANCISCO, *La profecía de Isaías*, Museo nacional del Prado, Madrid

APLICAMOS

1 **Lee y responde.** Estos textos hacen referencia al siervo de Yahvé que anunció el profeta Isaías.

– *Mirad a mi Siervo, a quien sostengo; mi elegido en quien me complazco. He puesto mi espíritu sobre él. Manifestará la justicia a las naciones, para que abras los ojos de los ciegos, saques a los cautivos de la cárcel, de la prisión a los que habitan en las tinieblas.*

Is 42,1-7

– *El Señor Dios me ha dado una lengua de discípulo: para saber decir al abatido una palabra de aliento. […] Ofrecí la espalda a los que me golpeaban; las mejillas a los que mesaban mi barba; no escondí el rostro ante los ultrajes y salivazos.*

Is 50,4-6

– *Mirad, mi siervo tendrá éxito, subirá y crecerá mucho. Como muchos se espantaron de él porque desfigurado no parecía hombre, ni tenía aspecto de hombre […] Lo vimos sin aspecto atrayente, despreciado y evitado de los hombres, acostumbrado al sufrimiento, ante el cual se ocultaban los rostros, despreciado y desestimado. Él soportó nuestros sufrimientos y aguantó nuestros dolores, nosotros lo estimamos leproso, herido de Dios y humillado.*

Is 52,13; 53,2-4

- ¿Por quién ha sido elegido el Siervo de Yahvé?
- ¿Cuál es la misión que tiene que cumplir?
- ¿Qué consecuencias conlleva su misión? Enuméralas.

3 Jesús, el Siervo de Yahvé

NOS ACTIVAMOS

I G **Reflexiona y contesta.** Los profetas denunciaron con fuerza las situaciones de injusticia en el pueblo de Israel. Anunciaron también la venida de un Mesías, un Salvador, que liberaría al pueblo de la opresión de los poderosos. La misión de este nuevo Mesías sería no solamente transformar las situaciones de injusticia, creando un nuevo orden social, sino convertir los corazones de los seres humanos para mantener la paz y la prosperidad.

- ¿Por qué crees que hay que amar a las personas que no hacen el bien?
- El amor es más fuerte que la violencia; ¿crees que puede llegar a conseguir que una persona cambie de vida?

COMPRENDEMOS

La llegada del Mesías prometido

A principios del siglo I, Israel vive sometido bajo el poder del Imperio romano. Sus días de esplendor durante el reinado de David habían quedado en la memoria colectiva. La imagen de los éxitos frente a los enemigos y la prosperidad de un país unido, con Jerusalén como capital, pasaban de generación en generación. En todo este tiempo, el pueblo de Israel sigue manteniendo viva la esperanza en la llegada del **Mesías**. Sería un descendiente del rey David el que les devolvería la gloria perdida, haciendo de Israel un pueblo fuerte y rico como lo fue durante su reinado. El Mesías debería ser un jefe político con el poder suficiente para poder imponerse con autoridad a su propio pueblo y derrotar a los invasores romanos, devolviendo a Israel su independencia de cualquier dominación extranjera presente o futura.

En este contexto histórico aparece un hombre llamado Jesús, que se presenta a sí mismo como el enviado de Dios, el Mesías prometido por los profetas, que trae la salvación y la justicia para todos sin excepción. Jesús nace de una virgen en Belén de Judá y además es descendiente del rey David, cumpliendo así las profecías que sobre el Mesías habían hecho los profetas del Antiguo Testamento.

La mayor parte del pueblo de Israel no aceptó a Jesús como el Mesías esperado. Sus palabras y acciones no encajaban con la imagen del Mesías al que se aguardaba, un líder político y militar. Sin embargo, él no realiza su misión desde el poder sino desde el servicio. Es un Mesías pacífico que busca la conversión del corazón y transformar las situaciones de injusticia haciendo presente el reino de Dios en el mundo. Esta circunstancia hizo que Jesús fuera considerado por muchos de sus contemporáneos como un falso Mesías.

VOCABULARIO

Mesías: en la concepción del pueblo judío, es un hombre, descendiente del rey David y enviado por Dios, que traería la paz, la liberación y la justicia.

Cruz en el monte Nebo, desde donde Yahvé mostró a Moisés la Tierra Prometida.

Jesús contra la injusticia. El reino de Dios

Jesús, al igual que los profetas del Antiguo Testamento, denunció las injusticias cometidas por todos los estamentos sociales de su época. Su singularidad no está en que actuase como un profeta más, sino en que él era el Mesías enviado por Dios para restaurar y actualizar definitivamente la alianza que Dios había hecho con el pueblo de Israel. Jesús es el Hijo de Dios que trae la salvación y la liberación para toda la humanidad, ya no solamente para un pueblo concreto. Por medio de su persona, Dios se hace presente en la historia de la humanidad para revelar cómo, por amor, envía a su propio hijo para reestablecer para siempre su amistad y cercanía.

Los pobres, los sencillos de corazón, los enfermos, las mujeres, los marginados, los que no tienen la seguridad que les da la autoridad, su posición social o la riqueza, son los destinatarios privilegiados de su mensaje de justicia y salvación. Dios no se ha olvidado de ellos, son sus elegidos para darles esperanza y consuelo en sus vidas.

El mesianismo de Jesús. Siervo de Yahvé

Toda su actividad de denuncia de las injusticias y de la manipulación de la imagen de Dios Jesús de Nazaret la realiza no solo con la palabra, sino también con acciones concretas. Sus actos están orientados a hacer presente en el mundo el reino de Dios. Él es el Mesías, el nuevo rey descendiente de David, que ha sido enviado por Dios para liderar a la humanidad hacia la liberación y la salvación definitiva, desde el amor y la misericordia.

Como había anunciado el profeta Isaías, su liderazgo sería desde el servicio y la entrega, no desde el poder autoritario y militar. Su misión es realizada desde la identificación plena con la imagen del **Siervo de Yahvé**.

Jesús presenta una forma de vivir y actuar totalmente novedosa. En el reino de Dios, que se hace presente en la persona de Jesús, el Hijo de Dios, no triunfa el que más poder tiene, ni el que humilla, ni el que quiere ser primero, ni el que más reconocimientos recibe. Jesús, el Mesías sufriente, Siervo de Yahvé, nos revela con su vida que en el reino de Dios los primeros son los sencillos, los pobres, los justos, los que son humillados, los enfermos, los marginados, los que son amigos de la verdad, los que actúan desde el amor y la generosidad.

Jesús quiere llegar a lo más íntimo de la persona; habla a su corazón para que entienda y actúe según el deseo de Dios. La garantía de que su mensaje es cierto está en la entrega voluntaria y generosa de su vida. Muere crucificado por tener una vida coherente, que asume hasta las últimas consecuencias su mensaje de salvación. Este sacrificio, entregar su vida por la justicia y la verdad, es la expresión máxima del amor de Dios por toda la humanidad. Jesús es el **chivo expiatorio**, que asume en su persona y en la entrega de su vida todos los pecados y el mal de la humanidad de forma voluntaria, siendo él totalmente inocente.

La justificación última de que Jesús es el Hijo de Dios, el Mesías anunciado por los profetas, es su resurrección. Dios Padre resucita a Jesús para garantizar que su vida y su mensaje provienen de él. No es solamente un personaje más de la historia que ha actuado con bondad y justicia. Es el mismo Dios que se ha hecho hombre para permanecer siempre y de forma definitiva en la vida de cada persona que tenga puesta en él su esperanza de justicia y salvación y que con sus acciones vaya haciendo presente el reino de Dios en el mundo.

VOCABULARIO

siervo de Yahvé: en el Antiguo Testamento aparece varias veces este término. Se atribuye a un hombre elegido por Dios para conducir a Israel según los preceptos divinos. En el libro del profeta Isaías se dice que el Siervo de Yahvé llevará a cabo su misión desde el servicio, el amor, la entrega generosa de su vida, la humildad y la obediencia a Dios. Será despreciado por los seres humanos, que acabarán con su vida.

chivo expiatorio: es un rito religioso cargado de simbolismo que se celebraba en la antigüedad. Se elegía al azar un macho cabrío y se transferían sobre él todos los pecados del pueblo. Pecados que era necesario expiar, purificar o reparar. Con el sacrificio del animal, el pueblo se consideraba perdonado.

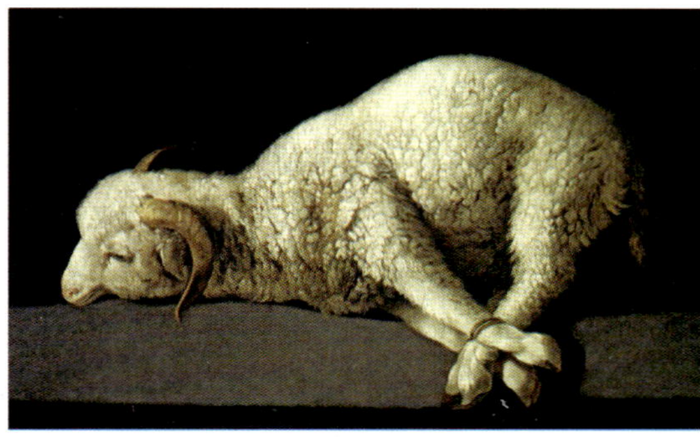

FRANCISCO ZURBARÁN, *Agnus Dei.*
Museo de la Real Academia de Bellas Artes de San Fernando. Madrid

APLICAMOS

1 Compara y completa. **Completa el siguiente cuadro situando en el lugar que corresponda cada una de las afirmaciones que se ofrecen.**

Un reino territorial • Un líder espiritual • El poder • Desde la paz • Siervo de Yahvé
Importancia de los poderosos • Los sencillos son los primeros • Un reino de justicia • Desde la violencia
Mensaje de salvación para todo el mundo • La humildad • La salvación es exclusiva del pueblo de Israel
Humillado por los hombres • Exaltado por el pueblo • Rey

Mesías sufriente	Mesías político

APLICAMOS *más*

1 Un Dios de justicia

El desarrollo que se vive en muchos lugares de nuestro mundo no llega por igual a todas las personas. Hay colectivos que no participan de la riqueza ni de los avances tecnológicos y que son excluidos de la sociedad.

La crisis no se ha ido para los más pobres

Según ha denunciado la organización católica Cáritas, la crisis ha dejado 8,6 millones de excluidos, 1,2 más que en 2007. El informe denuncia una "recuperación a dos velocidades", que provoca "un mayor distanciamiento entre los que viven una participación social integrada y quienes transitan por los espacios más alejados de la exclusión". Casi 15 millones de personas viven, o corren el riesgo de vivir en exclusión en una sociedad opulenta e industrializada como la española.
Frente a ello, Cáritas propone seis retos. En primer lugar, romper la "brecha de sexo", que se duplica en el caso de los hogares donde la sustentadora principal es la mujer. Cáritas también apuesta por la integración social y económica de los más jóvenes, y especialmente la de los adultos mayores, especialmente el grupo de entre 45 y 64 años. La protección de las familias más débiles es otro de los retos de la asociación, que advierte que el riesgo de exclusión social se multiplica por dos en las familias numerosas y monoparentales. Los extranjeros también son una población de riesgo para la exclusión. Así, el "riesgo de exclusión social se multiplica por 2,6 entre la población extracomunitaria, afectada el 47 % de exclusión social y el 26 % de exclusión social severa".

El Diario

1 Lee, analiza y contesta.

- ¿Por qué crees que los pobres son cada vez más pobres?
- Según el texto, ¿cuáles son los grupos en mayor riesgo de exclusión?, ¿por qué?
- ¿De qué manera Cáritas lucha contra la pobreza y la exclusión para generar unas situaciones de mayor justicia?

2 La voz de los sin voz

La sociedad actual necesita hombres y mujeres que sigan denunciando con valentía las situaciones de injustica y marginación que se viven en muchos lugares.

Estamos necesitados de profetas

Nuestro mundo está necesitando de muchas cosas, pero sobre todo de profetas con agallas. Como las que demostraron los profetas de la Biblia, que se iban a los palacios de los reyes a reprocharles sus adulterios y sus patrañas. Como lo hizo el profeta Natán con el rey David.
Los profetas acabaron casi todos muertos, pero no mudos. En la antigüedad fue tal la fuerza de los profetas, tal el malestar que creaban entre los poderosos, que pronto se puso en marcha una campaña para desprestigiarlos. Se llegó a diferenciar a los verdaderos de los falsos profetas.
Cuando algún profeta desagradaba a los reyes y sus cortes, se le calificaba de "falso profeta", que significaba que su voz no gozaba de la benevolencia de Yahvé y podía ser desoída.
Hubo, sí, falsos profetas. Hasta Jesús, que fue uno de los verdaderos, alertaba a sus apóstoles contra los falsos. Eran sin embargo ellos, los falsos, los que el poder usaba para desprestigiar a los verdaderos. [...] Ante la justicia todos deberíamos estar desnudos, sin títulos, sin credenciales de favor, sin miedo a lo que pueda ocurrir si a un juez se le mete en la cabeza ver a los imputados desnudos, sin estrellas en la manga, todos iguales.

Los profetas bíblicos fueron la salvación de Israel, porque eran los voceros de Dios contra la corrupción del poder. Eran los que obligaban a los reyes de oscuras biografías a ponerse de rodillas y pedir perdón a Yahvé.
Los verdaderos profetas no conocían la impunidad frente a los poderosos, si acaso eran comprensivos con los llamados pecadores. Al contrario de los jueces de hoy, que tantas veces se muestran delicados y preocupados con los crímenes de los de arriba y exigentes profetas con la mujer que roba una pastilla de jabón en el supermercado.

JUAN ARIAS

1 Lee y responde.

- ¿Por qué considera el autor del artículo que el mundo necesita nuevos profetas?
- ¿Qué actitud y cualidades son necesarias para ser profeta?

G **2 Analiza y aplica. En grupos de cuatro vamos a seleccionar una situación de nuestra vida escolar, o de la sociedad, en la que se esté cometiendo algún tipo de injusticia. Lo comentaremos siguiendo el guion propuesto. Un miembro del grupo hará el papel de profeta y expondrá la conclusión de su trabajo.**

- Análisis de la situación de injusticia.
- Razones objetivas de por qué se está cometiendo una injusticia.
- ¿Cómo se puede cambiar la situación?
- Gesto externo que se puede realizar para llamar la atención de los demás sobre la situación que se quiere denunciar.

3 Jesús, el Siervo de Yahvé

Con frecuencia aparecen personajes con recetas para el cambio social y la felicidad, recetas que son ilusiones sin contenido. El anuncio de Jesús, por su autenticidad, tiene verdadero valor para los que hoy sufren.

Jesús no es un profeta *new age*, sino el Mesías verdadero

Pero este Jesús no es un iluso que siembra falsas ilusiones, un profeta *new age*, un vendedor de humo, todo lo contrario: es un Mesías bien definido, con la fisonomía concreta del siervo, el siervo de Dios y del hombre que va a la pasión; es el gran paciente del dolor humano.
Así, al mismo tiempo que también nosotros festejamos a nuestro rey, pensamos en el sufrimiento que él tendrá que sufrir. Pensamos en las calumnias, los ultrajes, los engaños, las traiciones, el abandono, el juicio inicuo, los golpes, los azotes, la corona de espinas... y, en definitiva, en el viacrucis, hasta la crucifixión.
Él está presente en muchos de nuestros hermanos y hermanas que hoy, hoy sufren como él, sufren a causa de un trabajo esclavo, sufren por los dramas familiares, por las enfermedades... Sufren a causa de la guerra y el terrorismo, por culpa de los intereses que mueven las armas y dañan con ellas. Hombres y mujeres engañados, pisoteados en su dignidad, descartados... Jesús está en ellos, en cada uno de ellos, y con ese rostro desfigurado, con esa voz rota pide que se le mire, que se le reconozca, que se le ame. No tenemos otro Señor fuera de él: Jesús, humilde rey de justicia, de misericordia y de paz.

PAPA FRANCISCO

1 Lee y responde.

- ¿Qué rasgos del Mesías de los estudiados en la unidad se ven reflejados en este texto del papa Francisco?
- ¿Cómo consideras que Jesús está hoy con las personas que sufren un trabajo esclavo, la enfermedad o la guerra?

Resumimos

es.smSiloe.com
RESUMO
Ruleta de palabras

1 Un Dios de justicia

- La posesión privada de la tierra, un bien muy codiciado, provoca desigualdad y situaciones de injusticia en el pueblo de Israel.
- La viuda, el huérfano y el inmigrante sufren la exclusión y la marginación en Israel, lo que los lleva a vivir en situaciones de extrema pobreza, algo contrario a la voluntad del Dios de la justicia.
- La monarquía en Israel no está al servicio del pueblo y de la justicia, sino que ejerce el poder en beneficio propio.

es.smSiloe.com
ME AUTOEVALÚO
¿Qué he aprendido?

> La omnipotencia divina no es en modo alguno arbitraria: "En Dios el poder y la esencia, la voluntad y la inteligencia, la sabiduría y la justicia son una sola cosa, de suerte que nada puede haber en el poder divino que no pueda estar en la justa voluntad de Dios o en su sabia inteligencia".
>
> CIC n.º 271

2 La voz de los sin voz

- Los profetas son hombres y mujeres elegidos por Dios para ser la voz de aquellos que están privados de la capacidad de denunciar las injusticias que sufren.
- Todo verdadero profeta actúa en nombre de Dios y su compromiso con los que sufren es total, lo que hace que sean amenazados y rechazados por los poderosos.
- Amós y Oseas son profetas que anuncian y denuncian desde los gestos concretos y el amor auténtico.
- Isaías anuncia la llegada de un Mesías que restaurará el derecho y la justicia para el pueblo de Israel.
- El nuevo Mesías cumplirá su misión desde la entrega voluntaria y el sufrimiento como Siervo de Yahvé.

> Por los profetas, Dios forma a su pueblo en la esperanza de la salvación, en la espera de una alianza nueva y eterna destinada a todos los hombres y que será grabada en los corazones. Los profetas anuncian una redención radical del pueblo de Dios, la purificación de todas sus infidelidades, una salvación que incluirá a todas las naciones. Serán sobre todo los pobres y los humildes del Señor quienes mantendrán esta esperanza.
>
> CIC n.º 64

3 Jesús, el Siervo de Yahvé

- En la persona de Jesús de Nazaret se cumple la promesa de la llegada del Mesías anunciado por el profeta Isaías.
- Jesús es el Hijo de Dios que denuncia las injusticias y se compromete con los pobres y excluidos, anunciándoles que el reino de Dios ya ha llegado para así mantener su esperanza y su confianza en Dios.
- El mesianismo de Jesús no se ejerce desde el poder y la política, sino mediante la entrega de su vida como chivo expiatorio para salvar a la humanidad del mal. Es un Mesías sufriente, que distaba mucho del mesianismo político esperado por el pueblo judío.

> Jesús acogió la confesión de fe de Pedro que le reconocía como el Mesías anunciándole la próxima pasión del Hijo del Hombre. Reveló el auténtico contenido de su realeza mesiánica en la identidad trascendente del Hijo del Hombre "que ha bajado del cielo" a la vez que en su misión redentora como Siervo sufriente: "El Hijo del Hombre no ha venido a ser servido, sino a servir y a dar su vida como rescate por muchos". Por esta razón, el verdadero sentido de su realeza no se ha manifestado más que desde lo alto de la cruz.
>
> CIC n.º 440

El color del amor

El mosaico, que podemos denominar "el arte de pintar con piedras", es una técnica que, con fines decorativos, se ejecuta combinando diferentes elementos, con el fin de formar una figura, que se coloca en paredes, suelos o techos para sustituir la pintura u otro revestimiento. Debido a que nuestra cultura está ya configurada decididamente como una cultura de la imagen, del movimiento y del color, es indispensable que se recupere la sabiduría de la inculturación de la fe en el arte, para que la Iglesia, también hoy, se muestre como belleza que fascina y atrae. El cristianismo siempre se ha valido de la belleza del arte para enseñar los contenidos fundamentales de la fe. Es una manera de unir lo humano y lo divino, lo material y lo espiritual.

- ¿Por qué el arte es un medio válido para transmitir los contenidos de la fe?
- ¿Qué sentimientos despierta en ti la contemplación de una obra de arte de gran belleza?

Marko Ivan Rupnik, *Viacrucis de Vrhpolje* (Eslovenia)

El padre Rupnik es mundialmente conocido por sus magníficos mosaicos, que ha realizado en Europa, América y Oriente Próximo. En sus mosaicos, verdaderas catequesis cristianas, hasta el detalle más pequeño es importante. El padre Marko Ivan Rupnik nació en el año 1954 en Zadlog (Eslovenia). En 1973 ingresa en la Compañía de Jesús. Después de sus estudios de filosofía, entra en la Academia de Bellas Artes de Roma. Desde 1999 es consultor del Pontificio Consejo para la Cultura. Su taller es un espacio en donde un grupo de artistas cristianos vive, reza y trabaja juntamente. Además de diversas técnicas artísticas, se estudia en él la teología, la liturgia, la Escritura, la espiritualidad. El taller se propone como camino para ayudar a un nuevo encuentro entre el arte y la fe, entre las diversas Iglesias y los artistas.

[APLICAMOS]

G Orden. En grupos de seis personas podéis crear un mosaico con los materiales que queráis. Representaréis alguna escena de la vida de Jesús. Tened en cuenta que vuestro grupo tendrá la función de un pequeño taller en el que tenéis que distribuir las tareas. Unos serán responsables de hacer el dibujo, otros de preparar las teselas y otros de pegarlas uniformemente. Será un trabajo en equipo donde cada uno llevará a cabo una función. Exponedlo a vuestros compañeros una vez que lo hayáis terminado.

EN LA BIBLIA

El Siervo de Yahvé

Jesús y sus seguidores eran judíos y conocían la Escritura. La leían cada sábado en la sinagoga. Al ser testigos de su injusta muerte en la cruz resonaron para ellos las palabras del profeta Isaías. ¿Por qué los seguidores de Jesús interpretaron a Jesús como el Siervo de Yahvé?

1 ¿Quién hubiera creído?

Este inicio del cántico del Siervo de Yahvé nos abre a la incredulidad de la comunidad judía de que ese ser, despreciado, pudiera tener algo que ver con Dios. Es la misma experiencia que tuvieron los amigos de Jesús al ver cómo murió aquel a quien ellos habían visto perdonar los pecados.

2 ¿Quién conocía el poder del Señor?

Nos recuerda el encuentro entre Pilato y Jesús en el Evangelio según san Juan, cuando Pilato pregunta "¿qué has hecho?" y él contesta: "Mi reino no es de este mundo…" (Jn 18,36 y ss.); o a los soldados burlándose de Jesús: "salve, rey de los judíos" (Jn 19,3); o el letrero que Pilato mandó poner sobre la cruz: "Jesús nazareno, rey de los judíos" (Jn 19,19).

Profeta Isaías, Plaza de España, (Roma)

3 Despreciado…, abrumado de dolores…

Estas expresiones de Isaías resonaron en los corazones de los testigos de la muerte de Jesús, cuando lo vieron azotado y humillado ante el pueblo, cargando con la cruz, crucificado, traspasado (Jn 19; Mc 15; Mt 27; Lc 23).

12.ª estación de la vía dolorosa en la iglesia del Santo Sepulcro (Jerusalén)

IS 53

El Siervo de Yahvé

1 *¿Quién hubiera creído este anuncio?*
2 *¿Quién conocía el poder del Señor?*
Creció ante el Señor como un retoño,
como raíz en tierra árida.
No había en él belleza ni esplendor,
su aspecto no era atractivo.
3 *Despreciado,*
rechazado por los hombres,
abrumado de dolores
y familiarizado con el sufrimiento;
como alguien
a quien no se quiere mirar,
lo despreciamos
y lo estimamos en nada.
4 *Sin embargo, llevaba nuestros dolores,*
soportaba nuestros sufrimientos.
Aunque nosotros lo creíamos castigado,
herido por Dios y humillado,
eran nuestras rebeliones
las que lo traspasaban,
y nuestras culpas las que lo trituraban.
Sufrió el castigo para nuestro bien
y con sus llagas nos curó.
Andábamos todos errantes como ovejas,
cada cual por su camino,
y el Señor cargó sobre él
todas nuestras culpas.
Cuando era maltratado,
se sometía, y no abría la boca;
5 *como cordero llevado al matadero,*
como oveja ante el esquilador,
enmudecía y no abría la boca.
6 *Sin defensa ni justicia se lo llevaron*
y nadie se preocupó de su suerte.
Lo arrancaron de la tierra de los vivos,
lo hirieron por los pecados de mi pueblo;
lo enterraron con los malhechores,
lo sepultaron con los malvados.
Aunque no cometió ningún crimen
ni hubo engaño en su boca,
el Señor lo quebrantó

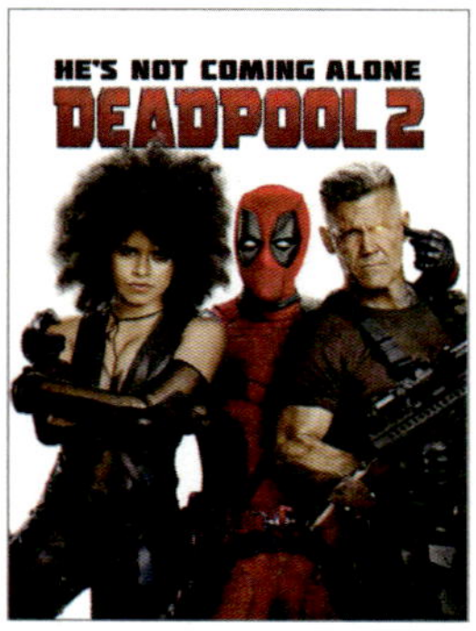

¿Conoces a alguien que se sacrifique por otro?

A ver si te suena…

Este antihéroe entrega su vida por un muchacho, pero todos esperamos que la cosa no quedará ahí, que se hará justicia; ¿a que sí?

con sufrimientos.
Por haberse entregado
en lugar de los pecadores,
tendrá descendencia,
prolongará sus días, y por medio de él,
tendrán éxito los planes del Señor.
Después de una vida de aflicción
comprenderá
que no ha sufrido en vano.
7 *Mi siervo traerá a muchos la salvación*
cargando con sus culpas.
Le daré un puesto de honor,
un lugar entre los poderosos,
por haberse entregado a la muerte
y haber compartido
la suerte de los pecadores.
Pues él cargó con los pecados de muchos
e intercedió por los pecadores.

En 1968 se descubrió un osario con restos de un crucificado. Este hallazgo ayudó a entender el método romano de crucifixión y apoyó la existencia de una tumba para el cuerpo de Jesús.

4 Llevaba nuestros dolores, soportaba nuestros sufrimientos... con sus llagas nos curó...

Estas palabras del cántico de Isaías dieron sentido al doloroso espectáculo de ver el sufrimiento de Jesús.

5 ... como cordero llevado al matadero...

Estas expresiones ponen en relación el texto con la fiesta de la expiación de los pecados y las palabras de Juan el Bautista al hablar de Jesús en Jn 1,29: "He ahí el cordero de Dios, que quita el pecado del mundo".

6 Sin defensa ni justicia... no cometió ningún crimen, no hubo engaño en su boca

El siervo de Yahvé de Isaías, como Jesús, era inocente, no había motivos para el sufrimiento. Esta expresión del sufrimiento del inocente la podemos encontrar en el libro de Job.

7 Mi siervo traerá a muchos la salvación

La cruel e injusta muerte de Jesús pudo suponer la gran derrota de su mensaje. La experiencia de la resurrección cambió esa derrota por el convencimiento de que Dios había hecho justicia con el justo, el siervo de Dios que se había entregado hasta el final, hasta las últimas consecuencias. Por eso, desde esa primera mañana de Pascua, cuando las mujeres experimentaron su presencia resucitada, la comunidad comprendió que Dios lo había resucitado, porque la justicia de Yahvé es poderosa y su poder vence a la muerte.

Resurrección, iglesia de Chora (Estambul)

[APLICAMOS]

Este texto de Isaías nos enfrenta al misterio del sufrimiento. El sufrimiento es un mal que nace de la injusticia o de la limitación humana (enfermedad, accidente), y un misterio, porque se trata de un ámbito para el encuentro personal entre Dios y el ser humano. El sufrimiento hizo al Hijo de Dios completamente humano y al ser humano capaz de Dios, tal y cómo enseñó san Pablo (Col 1,24).

Investigad.

- Buscad situaciones de dolor causadas por una injusticia, una enfermedad o un accidente. ¿Qué se puede hacer ante ellas?
- Buscad personas, organizaciones o fundaciones que traten de combatir el sufrimiento; ¿cuántas de ellas están formadas por cristianos?
- ¿Cuál es el sentido del sufrimiento? ¿Debemos contemplarlo o debemos combatirlo? ¿Qué habéis aprendido del texto de Isaías y su relación con el sufrimiento de Jesús?

BLOQUE 3

Jesucristo, cumplimiento de la Historia de la Salvación

5 Seguir a Jesús

YouTube

¿Por qué es importante conocer hoy la vida de Jesús de Nazaret?

Tu propio camino

¿Qué te hace seguir a alguien en las redes sociales?

- ☐ La foto de perfil que tiene puesta.
- ☐ Es un amigo y me interesa saber lo que hace.
- ☐ Los vídeos tan graciosos que cuelga.
- ☐ Sus comentarios sobre los acontecimientos que ocurren.
- ☐ Me parece interesante y deseo conocer más sobre su vida.

Para los cristianos, la felicidad a la que Jesús invita se vive en comunidad. Jesús llama a sus discípulos a vivir, desde la diversidad, en comunión con todos los seres humanos. La Iglesia es la comunidad que se siente llamada y enviada por Jesús a construir un mundo mejor.

es.smSiloe.com
ME PREGUNTO
¿Cuánto sé?

PARA EMPEZAR...

Narcisismo digital

Si el personaje mitológico Narciso viviera hoy, inundaría su Instagram con selfis y otros maravillosos posados en los que solo aparecería él mismo mostrando su espectacular físico. [...]. Existen estudios que relacionan este comportamiento arrogante y egocéntrico con el uso compulsivo de las redes sociales. Al parecer, los narcisistas digitales suben más selfis y contenidos sobre sí mismos (especialmente presumiendo de aspecto), tienden más a editar las fotos, pasan más tiempo en las redes sociales, tuitean más y actualizan más frecuentemente sus perfiles. Otras investigaciones dicen que los narcisistas borran los contenidos en los que no alcanzan un buen número de "me gusta", tienen más amigos en Facebook y responden más agresivamente a los comentarios despectivos sobre ellos en los perfiles públicos.

MARTA VILLALBA

Dialogamos

1 ¿Crece entre los jóvenes la preocupación por la imagen que dan?

2 ¿Por qué dice la autora que estar tan obsesionado con la propia imagen puede generar comportamientos arrogantes y excéntricos?

APRENDERÁS...

- La importancia de la vocación. Todo ser humano se siente llamado a darle un sentido a su vida y ha de responder de la manera más honesta y sincera ante sí mismo.
- Los cristianos están llamados a seguir a Jesús y a mirar el mundo desde los ojos de Dios.
- Todo cristiano vive su vocación desde la comunidad cristiana, una comunidad diversa en la que todos tienen cabida.
- La vida cristiana implica hacer presente en el mundo el reino de Dios como continuación de la misión de Jesús.

[1] Sentirse llamado a realizar una misión

NOS ACTIVAMOS

Lee, juzga y escribe en tu cuaderno. **Los medios de comunicación y la publicidad hacen una llamada continua a la sociedad para que encuentre la felicidad. La gran limitación de estas llamadas, en muchas ocasiones falsas, es que proponen un modelo de felicidad individual y basado principalmente en el consumo.**

- ¿Crees que podremos encontrar la felicidad si respondemos exclusivamente las llamadas que recibimos de la publicidad?
- ¿Qué cosas consumes en tu vida diaria de las que podrías perfectamente prescindir por ser totalmente superficiales?

COMPRENDEMOS

El bautismo de Jesús. Revelación de su misión

A principios del siglo I, Israel, bajo el dominio del Imperio romano, vivía una profunda crisis religiosa. El pueblo judío tenía la sensación de que Dios se había olvidado de él. En este contexto histórico aparece la persona de Jesús. Su bautismo da comienzo a su vida pública. Él tuvo que descubrir su vocación para orientar su vida, y lo hizo bajo las claves de la entrega y el servicio a los más necesitados. Su bautismo le revela el sentido más profundo de su persona y de la misión que tendrá que desempeñar. "Apenas salió del agua, vio rasgarse los cielos y al Espíritu que bajaba hacia él como una paloma. Se oyó una voz desde los cielos: 'Tú eres mi Hijo amado, en ti me complazco" (Mc 1,9-11). Él es el Hijo de Dios, portador de su Espíritu, que ha sido enviado al mundo para unir de manera definitiva al ser humano con Dios. Jesús descubre con claridad que esta misión de hacer presente a Dios en el mundo no la va realizar solo. Se rodea de un grupo de personas elegidas, para que participen y continúen con la misión de anunciar que el reino de Dios ya ha comenzado.

La vocación. Una llamada para ser respondida

Lo primero que hace Jesús al comienzo de su misión es elegir a sus primeros **discípulos**, que serán conocidos como los doce **apóstoles**. Elige libremente a unas personas para que vivan con él y sean testigos de sus palabras y acciones. Ellos experimentarán en sus vidas una profunda transformación personal que los llevará a ser continuadores de la misión de Jesús. En los evangelios se narran muchas de las invitaciones que Jesús hace a las personas para que le sigan. Unos responderán afirmativamente con gran decisión e ilusión, pero otros optan por vivir arropados por sus seguridades y rechazan su invitación. Todas estas llamadas o relatos de vocación tienen unas características comunes, que son propias del estilo que Jesús quiso darle a su misión. La iniciativa parte de Jesús. No es el discípulo el que elige al maestro, como era común antiguamente, sino que es el maestro quien llama al discípulo para que le siga en libertad y pueda encontrar un sentido a su vida.

Este cambio tan radical solo se puede entender cuando se produce un encuentro personal con Jesús. Su personalidad y la forma de hacerse presente en sus vidas provoca en cada uno de ellos un deseo profundo de cambio. Poco a poco irán entendiendo el tipo de mesianismo de Jesús, que dista mucho del poder y la autoridad política. Los discípulos tendrán su propio proceso de conversión. Vivir junto a Jesús les hará descubrir que el servicio, la renuncia y la entrega generosa de sus vidas son los medios para seguirlo y descubrirlo como el Hijo de Dios, el auténtico Mesías.

VOCABULARIO

apóstol: etimológicamente viene del griego *apostolos* y significa 'enviado'. Fueron hombres escogidos personalmente por Jesús de Nazaret, que compartieron su vida con él y se convirtieron en testigos directos de sus palabras y acciones. Fueron enviados por el mismo Jesús a anunciar la buena noticia de que el reino de Dios ya se estaba haciendo presente.

discípulo: procede del latín *discipulus*, que significa 'el que aprende o se deja enseñar'. Designa a las personas que rodeaban a Jesús y aprendían con entusiasmo sus múltiples enseñanzas. No necesariamente tenían que ser enviados a predicar el evangelio. Hoy consideramos discípulo de Jesús a toda persona que cree en Jesús y que hace vida su mensaje de justicia y paz.

El encuentro y la vida que comparten con Jesús no los deja indiferentes, sino que suscita en ellos el deseo de querer vivir la vida con más intensidad, seguirle con mayor decisión y convertirse en testigos excepcionales del comienzo del reino de Dios en el mundo. Seguir a Jesús no será solo ser testigo de su mensaje de salvación para todos, sino que también implica una misión. Ellos también Invitarán a seguir a Jesús y anunciarán de forma expresa que el reino de Dios ya ha comenzado y se hace vida con sus gestos y palabras. Esta es la misión fundamental que deberá cumplir el discípulo que ha hecho de Jesucristo el señor de su vida.

Después de la elección de los doce apóstoles, para que vivan con él y le acompañen en su misión, el Nuevo Testamento presenta a muchos hombres y mujeres que le siguen como discípulos, y que quieren también vivir la experiencia de sentirse libres y de encontrar un sentido a la vida. La presencia de la mujer como discípula no era una práctica común en Israel. Ellas también acompañan a Jesús y aprenden de sus enseñanzas.

A continuación fue recorriendo ciudades y aldeas proclamando
la buena noticia del reinado de Dios. Lo acompañaban los Doce
y algunas mujeres que había sanado de espíritus inmundos
y de enfermedades: María Magdalena, de la que habían salido siete demonios;
Juana, mujer de Cusa, mayordomo de Herodes; Susana y otras muchas,
que los atendían con sus bienes.

Lc 8,1-3

Este gesto resalta la novedad de Jesús y la universalidad del reino de Dios.

Encuentros de Jesús

En el Nuevo Testamento hay encuentros con Jesús que transforman a algunos hombres y mujeres. Entre los más significativos encontramos:

- La samaritana.
- Zaqueo.
- María Magdalena.
- Los discípulos de Emaús.

Marinus van Reymerswaele, *La vocación de San Mateo*, hacia 1530, Museo Nacional Thyssen-Bornemisza, Madrid

APLICAMOS

1 Lee estos relatos de vocación que aparecen en el Evangelio según san Marcos e identifica las características propias de la llamada de Jesús.

Salió de nuevo a la orilla del mar; toda la gente acudía a él y les enseñaba. Al pasar vio a Leví, el de Alfeo, sentado al mostrador de los impuestos, y le dice: "Sígueme". Se levantó y lo siguió. Sucedió que, mientras estaba él sentado a la mesa en casa de Leví, muchos publicanos y pecadores se sentaban con Jesús y sus discípulos, pues eran ya muchos los que lo seguían. Los escribas de los fariseos, al ver que comía con pecadores y publicanos, decían a sus discípulos: "¿Por qué come con publicanos y pecadores?". Jesús lo oyó y les dijo: "No necesitan médico los sanos, sino los enfermos. No he venido a llamar a justos, sino a pecadores".

Mc 2,13-17

Pasando junto al mar de Galilea, vio a Simón y a Andrés, el hermano de Simón, echando las redes en el mar, pues eran pescadores. Jesús les dijo: "Venid en pos de mí y os haré pescadores de hombres". Inmediatamente dejaron las redes y lo siguieron. Un poco más adelante vio a Santiago, el de Zebedeo, y a su hermano Juan, que estaban en la barca repasando las redes. A continuación los llamó, dejaron a su padre Zebedeo en la barca con los jornaleros y se marcharon en pos de él.

Mc 1,16-20

Relato de vocación	Leví	Simón y Andrés	Santiago y Juan
Iniciativa de Jesús	....	....	....
Contexto de la llamada	....	....	....
Propuesta	....	....	....
Exigencia	....	....	....
Respuesta	....	....	....

2 En una comunidad diversa

NOS ACTIVAMOS

G I **Analiza y contesta.** La sociedad en la que vivimos nos impone una forma de mirar la realidad. Nos transmite que es más importante el que más tiene, provocando que nos fijemos más en las apariencias que en el fondo de las personas. Nos hace ser individualistas y pensar solo en nosotros mismos, sin que importen en muchas ocasiones los problemas y las dificultades de las personas que nos rodean.

- ¿Crees que esta forma de mirar el mundo ayuda a vivir en una sociedad justa y solidaria? ¿Por qué?

COMPRENDEMOS

Jesús enseña a mirar el mundo desde Dios

Jesús enseña a sus discípulos a mirar el mundo desde los ojos de Dios, no desde los de las personas. Su forma de actuar recuerda mucho a las acciones de los antiguos profetas de Israel, con la novedad de que él no es un profeta más, sino el mismo Dios que se ha hecho presente en la historia humana. Jesús renueva las tradiciones judías dándoles un nuevo significado e interpretación. Para los discípulos implicará una auténtica revolución, que les hará mirar al pecador, al marginado y al pobre con otros ojos. Esta nueva manera de ver el mundo desde los ojos de Dios causará muchas veces incomprensión en los discípulos y escándalo en los dirigentes religiosos de Israel.

- La primera gran enseñanza que transmite a sus discípulos es que el mensaje de salvación y liberación está dirigido a todas las personas. El nuevo pueblo de Dios no se reduce solamente a Israel, sino que está abierto a toda la humanidad.
- Todas las leyes establecidas en el Antiguo Testamento, y que eran el fundamento del pueblo judío, se resumen ahora en dos únicos mandamientos: amar a Dios sobre todas las cosas y al prójimo como a uno mismo.
- El Templo no será el lugar privilegiado de encuentro con Dios. Jesús enseña que en el cuidado a los más necesitados se produce el encuentro con Dios.
- Los enfermos, los pecadores, aquellos a los que las autoridades religiosas de Israel no consideran dignos de Dios, son en cambio los privilegiados del Dios de Jesús. En el reino de Dios que Jesús anuncia, todos tienen cabida.
- Jesús enseña una nueva forma de dirigirse a Dios. Saca la oración de los templos y la lleva a escenarios de la vida cotidiana.

  Se levantó de madrugada, cuando todavía estaba muy oscuro, se marchó a un lugar solitario y allí se puso a orar.

  Mc 1,35

  Enseña a orar a sus discípulos dirigiéndose a Dios como padre, que perdona con misericordia y que atiende las necesidades humanas más básicas.
- La enseñanza que causará más impresión en los discípulos es que el triunfo de Jesús no estará en el éxito y la admiración que provocan en la gente sus milagros y acciones, sino en la entrega total de su vida hasta morir en la cruz.

  El que quiera ser grande entre vosotros, que sea vuestro servidor; y el que quiera ser primero, sea esclavo de todos.

  Mc 10,43

  Entenderán de forma plena el mensaje de Jesús desde la experiencia de la resurrección, prueba definitiva de que Jesús es realmente el Mesías, el Hijo de Dios.

Estatua de Jesucristo con los doce apóstoles en el Domus Galilea.

El seguimiento de Jesús se realiza en comunidad

La forma de seguir a Jesús no es individual. Desde el comienzo de su vida pública, Jesús llama a sus discípulos para que formen una comunidad diversa que sea el reflejo del nuevo pueblo de Dios. No es simplemente una asociación de amigos que buscan un objetivo común, sino una comunidad de hermanos que, con sus diferencias y circunstancias personales, establezcan relaciones basadas en el amor mutuo, y sean signo vivo de la presencia del reino de Dios en el mundo.

Jesús elige a doce apóstoles para que vivan con él y compartan su misión. Entre ellos hay personas muy diversas. Pedro y Andrés son pescadores, Leví es un **publicano**, Santiago y Juan son hermanos, Simón es **zelote**. Jesús no los escogió por sus afinidades, sino para poner de manifiesto que la diversidad enriquece la comunidad y que se pueden establecer relaciones auténticas entre las personas, que van más allá de sus diferencias. El número doce tiene un significado simbólico. El primitivo pueblo de Israel estuvo compuesto por doce tribus que habitaron la tierra de Canaán después de la liberación de Egipto. Ahora Jesús funda con estos doce apóstoles un nuevo pueblo, que es nuevamente liberado de la opresión de la injusticia y en el que toda la humanidad está incluida. Jesús envía a los doce apóstoles de dos en dos a cumplir la misión de expulsar demonios, curar a los enfermos y anunciar que el reino de Dios ya ha comenzado.

> *Llamó a los Doce y los fue enviando de dos en dos [...] Ellos salieron a predicar la conversión, echaban muchos demonios, ungían con aceite a muchos enfermos y los curaban.*
>
> Mc 6,7-12

La misión que cumplen no es en nombre propio, ni de forma individual. Llevan a cabo su misión de forma comunitaria y con el poder de Jesús, para curar en su nombre a los enfermos de cualquier dolencia física o espiritual.

VOCABULARIO

publicano: era una persona que tenía la autoridad para poder recaudar los impuestos en el pueblo judío y destinarlos a Roma. Eran muy mal vistos por los judíos por varias razones:

- **Cobraban por el censo.** Era una práctica muy insultante para los judíos, porque era el reconocimiento explícito de su sumisión a Roma.
- **Cobraban por las propiedades.** Este impuesto era también muy ofensivo, porque su pago se consideraba un insulto a Dios, a quien los judíos consideraban el dueño verdadero de la tierra.

Un judío que se hiciera publicano era odiado y marginado por considerarlo un servidor del Imperio romano y, por tanto, un traidor a Israel.

zelotes: grupo revolucionario que tenía la convicción de que Dios era el único y verdadero soberano del pueblo de Israel. Se alzaban en revueltas violentas para expulsar de Israel a los romanos y a sus colaboradores.

APLICAMOS

1 **Lee y completa.**

> *En aquellos días, Jesús salió al monte a orar y pasó la noche orando a Dios. Cuando se hizo de día, llamó a sus discípulos, escogió de entre ellos a doce, a los que también nombró apóstoles: Simón, al que puso de nombre Pedro, y Andrés, su hermano; Santiago, Juan, Felipe, Bartolomé, Mateo, el publicano, Tomás, Santiago el de Alfeo, Simón, llamado el Zelote; Judas el de Santiago y Judas Iscariote, que fue el traidor.*
>
> Lc 6,12.16

Reflexiona sobre las preguntas que se formulan y respóndelas en tu cuaderno.

- ¿Por qué piensas que Jesús estuvo orando toda la noche a Dios antes de elegir a sus apóstoles?
- ¿Por qué Jesús eligió solo a doce?
- ¿Por qué consideras que Jesús elegiría entre sus apóstoles a un zelote, un publicano, pescadores, hermanos y un "traidor"?

JUAN DE JUANES, *Última cena*, Museo nacional del Prado, Madrid

3 Continuadores de la misión

NOS ACTIVAMOS

I G **Reflexiona y contesta.** El mensaje de Jesús no es algo que ocurrió en el pasado y quedó olvidado: continuamente se actualiza y plasma en muchas personas que han elegido seguirle y anunciar con su vida que el reino de Dios se sigue haciendo presente en el mundo.

- ¿Cómo sabemos que el mensaje de Jesús se sigue haciendo presente en nuestro mundo?

COMPRENDEMOS

La Iglesia. Una comunidad que hace presente el reino de Dios

Después de la resurrección de Jesús y el envío del Espíritu Santo en Pentecostés, se fueron formado numerosas comunidades cristianas en torno a los apóstoles. En un primer momento surgieron en territorio judío, compuestas principalmente por creyentes judíos, pero pronto comenzaron a extenderse fuera de las fronteras de Israel. Algunas de las comunidades cristianas más importantes fueron la de Jerusalén, formada por el grupo de los apóstoles y primeros discípulos, y las de Antioquía, Corinto y Roma. El mensaje de Jesús, su anuncio del reino de Dios, y la vida de las primeras comunidades cristianas no es algo del pasado: hoy día se sigue actualizando su mensaje de salvación y justicia para toda la humanidad.

La Iglesia es la comunidad de los cristianos que tienen su fe puesta en la vida, muerte y resurrección de Jesús. Acontecimientos que tuvieron lugar en el pasado hoy se actualizan en los ritos y celebraciones que se realizan en la comunidad cristiana. La Iglesia continúa hoy haciendo presente el reino de Dios en el mundo. Es una comunidad muy diversa, compuesta por personas de distintas nacionalidades, culturas, razas y formas de pensar, pero que tienen en común el compromiso firme de hacer un mundo más justo y solidario. En el centro de su vida y su acción está la persona de Jesús. Todos ellos reciben en el bautismo la fuerza del Espíritu Santo y una llamada a seguirle y actuar en el mundo con valentía, denunciando como nuevos profetas las situaciones de esclavitud, marginación, pobreza y aislamiento que viven injustamente muchos seres humanos. Su misión no es solo la denuncia, sino también la construcción de un nuevo orden social fundamentado en la justicia y en el amor al prójimo. Su fe los invita a comprometerse para hacer más digna la vida de muchos hombres, mujeres y niños que son olvidados por los que ostentan el poder en nuestro mundo actual. Actúan en sus ámbitos sociales como consuelo y esperanza para los que no encuentran respuestas a sus necesidades más básicas, aliviando, como hizo Jesús, sus pesadas cargas.

Los cristianos. Un testimonio de vida

El cristiano tiene la misión de continuar y actualizar de forma concreta la vida y mensaje de Jesús de Nazaret. Esta misión no se realiza individualmente y fuera de la comunidad cristiana. Ella es la que envía, en nombre de Jesús, a actuar de manera fiel al proyecto de salvación de Dios. El cristiano vive inmerso en la sociedad e intenta transformar las situaciones de injusticia y exclusión desde la humildad, la sencillez y la entrega generosa, siendo testimonio y ejemplo de vida.

Como expuso el Concilio Vaticano II, esa es una tarea de toda la Iglesia pero que recae especialmente en los laicos, es decir, las personas que no tienen un ministerio eclesial ni siguen un modo de vida religiosa.

> A los laicos pertenece por propia vocación buscar el reino de Dios tratando y ordenando, según Dios, los asuntos temporales. Viven en el siglo, es decir, en

Las comunidades cristianas. Vida interna

Tienen un solo corazón y una sola alma.

Hch 4,32

Se distribuía a cada uno según lo que necesitaba.

Hch 4,35

- **No discriminaban a nadie:** aceptaban en la comunidad a pobres y ricos, a hombres y mujeres, a esclavos y libres, también a los considerados peligrosos por el poder.
- **Recibían la enseñanza de los apóstoles** sobre la experiencia que habían tenido con Jesús y las enseñanzas que de él habían recibido.
- **Celebran la fracción del pan.** Las primeras comunidades celebraban la eucaristía, la fracción del pan, como expresión de su compromiso.

todas y cada una de las actividades y profesiones, así como en las condiciones ordinarias de la vida familiar y social con las que su existencia está como entretejida. Allí están llamados por Dios a cumplir su propio cometido, guiándose por el espíritu evangélico, de modo que, igual que la levadura, contribuyan desde dentro a la santificación del mundo y, de este modo, descubran a Cristo a los demás, brillando, ante todo, con el testimonio de su vida, fe, esperanza y caridad.

Lumen gentium n.º 31

Son muchos los proyectos en los que están trabajando de forma activa los cristianos para conseguir una mejor situación de vida para colectivos empobrecidos, marginados, excluidos y desprotegidos. El cristiano da testimonio de Jesucristo desde el amor a cada persona concreta y desde la implicación sincera en mejorar su situación vital. Algunos ejemplos.

- **Los cristianos y las personas más desfavorecidas.** El cristiano está llamado a tener una verdadera compasión por los necesitados, al estilo de Jesús. Hay varias organizaciones cristianas que trabajan no solo para combatir el hambre y la pobreza a escala global, sino para suprimir sus causas. Ejemplos de estas organizaciones en las que muchos cristianos están implicados son Cáritas, Mensajeros de la Paz, Acción Marianista, Entreculturas.
- **Los cristianos y los refugiados.** Son muchas las personas obligadas a salir de sus países por una guerra o por su religión. Los cristianos también se hacen presentes en estas situaciones de sufrimiento y angustias para ayudar a restablecer la paz. Organizaciones tales como Iglesia Necesitada velan por proteger la vida de aquellos que son desplazados de sus países de origen.
- **Los cristianos y los enfermos.** Hay enfermos incurables, excluidos de los sistemas públicos de salud, a los que se les añade una situación de pobreza y abandono por sus familiares. Son especialmente significativas las instituciones del Cottolengo del Padre Alegre y las Hermanitas de los Pobres.
- **Los cristianos y la violencia de género.** La Iglesia también se hace presente para amparar al débil dándole protección y acompañamiento en cualquier situación. Toma partido por la víctima frente a los agresores y trabaja para devolver a esta su dignidad y autonomía. Son prueba de ello congregaciones religiosas como las oblatas y su centro "Al Alba", o la organización El Proyecto Esperanza de las religiosas adoratrices.

Las comunidades cristianas. Hacia el exterior

> **Testigos de la fe.** Las primeras comunidades cristianas tenían un profundo espíritu misionero. Lo que vivían y celebraban en la comunidad lo expresaban posteriormente en su vida cotidiana. Los primeros cristianos anunciaban con sus acciones y palabras su fe en Jesús, el Hijo de Dios, que había cambiado su forma de entender el mundo y las relaciones entre las personas. Eran testimonio vivo de la presencia del reino de Dios. Atendían a los pobres, ayudaban a los necesitados, cuidaban de los enfermos y no hacían distinciones entre las personas por su estatus social.

APLICAMOS

1 **Reflexiona y completa.** La pobreza tiene muchas caras. No hay que reducirla solo a la pobreza económica. Jesús hizo una opción preferencial por los pobres. ¿Quiénes son hoy los nuevos pobres?

El pobre es el que no cuenta, es el insignificante; y ellos son muy numerosos. Existe la pobreza que se llama monetaria o económica, y es preciso estudiarla. La condición femenina, por ejemplo. No es que toda mujer sea pobre, pero basta que sea mujer para que existan derechos que no están presentes. Así también ocurre con el color de la piel. La liberación de la víctima pasa por su derecho inalienable a desarrollarse como ser humano, a ser tratada desde la dignidad y desde los derechos de igualdad y no discriminación, y pasa por la intolerancia de todos a cualquier manifestación de la violencia, desde la complicidad con las víctimas para defenderse. El avance hacia sociedades de paz implica la transformación de todos y cada uno de nosotros.

Gustavo Gutiérrez

- ¿Qué tipos de pobreza resalta el texto? Ponles nombre a los colectivos que hoy podemos denominar *pobres*.
- ¿Por qué crees que en muchos lugares del mundo la mujer es considerada como *pobre*?
- ¿Qué orientaciones aporta el texto para superar los diferentes tipos de pobreza que existen en el mundo?

APLICAMOS *más*

1 Sentirse llamado a realizar una misión

No es lo mismo *vocación* que *profesión*. Pueden parecer términos equivalentes, pero son palabras que tienen un significado completamente distinto. El primero está relacionado con lo que te sientes llamado a hacer, tu sentido en la vida, tu orientación personal. El segundo es un término utilizado para hacer alusión a la ocupación, oficio o actividad de una persona.

Una vida lograda

Queridos scouts:

Si alguna vez habéis visto la obra de teatro *Peter Pan*, recordareis cómo el jefe de los piratas estaba siempre haciendo su último discurso de despedida por temor de que cuando llegara la hora en que había de morir no fuera a tener tiempo para darlo a conocer. Así me sucede a mí, y aun cuando no me estoy muriendo en este momento, tendrá que suceder uno de estos días, y deseo deciros unas palabras de despedida. He tenido una vida muy dichosa y deseo que todos vosotros tengáis también vidas muy dichosas. Yo creo que Dios nos ha puesto en este mundo encantador para que seamos felices y gocemos de la vida. Pero la felicidad no proviene de la riqueza ni de tener éxito en la carrera simplemente, ni de darse uno gusto a sí mismo. Un paso hacia la felicidad es hacerse sano y fuerte cuando es niño para poder ser útil, y así, poder gozar de la vida cuando se es adulto. El estudio de la naturaleza os enseñará cómo ha llenado Dios de cosas bellas y maravillosas este mundo, para que lo podáis gozar. Estad satisfechos con lo que os haya tocado y sacad de ello el mejor partido que podáis. Ved siempre el lado bueno de las cosas y no el malo.

Pero la verdadera manera de obtener la felicidad es haciendo felices a los demás. Tratad de dejar este mundo mejor que como lo encontrasteis; de esta manera, cuando os llegue la hora de morir, podréis hacerlo felices, porque por lo menos no perdisteis el tiempo e hicisteis cuanto os fue posible por hacer el bien. Estad "siempre listos" para vivir felices y morir dichosos, sed fieles a vuestra Promesa Scout siempre, aun cuando hayáis dejado de ser muchachos. Que Dios os ayude a hacerlo así.

Vuestro amigo: BADEN-POWELL DE GILWELL

1 Lee y responde.

- ¿Te parece que intentar dejar el mundo mejor que como lo encontramos es una vocación para todas las personas?
- ¿Consideras importante pensar en la ayuda a los demás a la hora de escoger tu profesión?

2 En una comunidad diversa

La Iglesia también es una comunidad, que tiene un mismo sentir, pero que ha de estar abierta a la diversidad. Cada persona es diferente y debe encontrar su lugar en la comunidad de los seguidores de Jesús.

Amar lo que somos

Los animales del bosque se dieron cuenta un día de que ninguno de ellos era el animal perfecto: los pájaros volaban muy bien, pero no nadaban ni escarbaban; la liebre era una estupenda corredora, pero no volaba ni sabía nadar… Y así todos los demás. ¿No habría manera de establecer una academia para mejorar la raza de cada animal? Dicho y hecho. En la primera clase de carrera, el conejo fue una maravilla, y todos le dieron sobresaliente; pero en la clase de vuelo subieron al conejo a la rama de un árbol y le dijeron: "¡Vuela, conejo!". El animal saltó y se estrelló contra el suelo, con tan mala suerte que se rompió dos patas y fracasó también en el examen final de carrera. El pájaro fue fantástico volando, pero le pidieron que excavara como un topo. Al hacerlo se lastimó las alas y el pico y, en adelante, tampoco pudo volar; con lo que ni aprobó la prueba de excavación ni llegó al aprobadillo en la de vuelo.

Convenzámonos: un pez debe ser pez, un estupendo pez, un magnífico pez, pero no tiene por qué ser un pájaro. Un hombre inteligente debe sacarle punta a su inteligencia y no empeñarse en triunfar en deportes, en mecánica y en arte a la vez. Solo cuando aprendamos a amar en serio lo que somos, seremos capaces de convertir lo que somos en una maravilla.

J. L. Martín Descalzo, *Razones para la alegría* (adaptación)

G I **1 Lee y responde.**

- En las relaciones con vuestros iguales, ¿la presión del grupo influye mucho en la personalidad?
- ¿Por qué es importante que la Iglesia acoja la diversidad? ¿Qué hubiera hecho Jesús?

3 Continuadores de la misión

Hoy día hay muchas personas siguen siendo testigos de Jesús en el mundo. Con sus acciones hacen presente el reino de Dios en nuestra sociedad. Ayudan a construir un mundo en el que todos se sientan incluidos y puedan superar sus situaciones de marginalidad y pobreza.

Una vida entregada a la misión

Durante el mes de agosto he tenido la suerte de realizar un viaje a Perú. He conocido los proyectos, la forma de ser, de hacer y de vivir del misionero palentino Domingo García. Él desarrolla su tarea pastoral y social en la ciudad de Paita, en la costa del Pacífico.
Sus proyectos los desarrolla en 44 asentamientos humanos en los que progresivamente han ido a vivir muchos hombres y mujeres en búsqueda de trabajo y de una vida mejor. Tiene una población más grande que toda la ciudad de Palencia.
Domingo es una persona que ha decidido dedicar su vida a la gente sencilla. Horas escuchando, salidas con una moto antigua para conversar, acompañar, proponer, celebrar… Proyectos de desarrollo con mujeres, niños, ciegos, enfermos, ludotecas, creación de centros y de capillas, celebraciones, denuncia de las injusticias son parte de la vida de este paisano nuestro.
Sencillez, humildad, entrega, donación…, palabras que son parte del traje de este misionero, que ha salido de nuestra tierra para "desposeerse", para que otros se "apropien" de su vida y de sus capacidades. Domingo no utiliza el "yo". Es mensajero de la vida. Se empeña en construir, en allanar, en ser esperanza de los barrios más periféricos, olvidados y desconocidos. Está en medio del pueblo, con el pueblo, consolando, aliviando, con el delantal del servicio siempre incorporado. Es imagen de Dios, del evangelio. Ha dejado el calor de su casa para vivir a la intemperie. Lucha por construir una sociedad mejor, donde las personas ocupen el primer sitio. Construye iglesias con las puertas abiertas. Comunidades con una mano agarrada a Dios y otra mano agarrada a las personas. […] "Creo en la Iglesia de Jesús, que es pluralidad, diversidad, y que no insulta porque no entra en su vocabulario".

Cadena SER, Palencia

1 Lee y responde.

- ¿Qué características de la misión encomendada por Jesús a los discípulos aparecen en el texto?
- ¿Qué acciones concretas realiza el misionero Domingo para hacer presente el reino de Dios en el mundo?
- ¿Ves en el texto alguna característica común a las de los primeros apóstoles de Jesús?

Resumimos

es.smSiloe.com
RESUMO
Ruleta de palabras

1 Sentirse llamado a realizar una misión

- La vocación es una llamada que recibimos para orientarnos en la vida.
- Jesús descubre su vocación al ser bautizado. Allí entiende que su misión es anunciar el reino de Dios.
- Jesús llama a sus discípulos para que le sigan, compartan la vida con él y continúen su misión. Ellos dejan su vida anterior y se entregan totalmente a anunciar el reino de Dios a todos los hombres y mujeres necesitados de esperanza.

es.smSiloe.com
ME AUTOEVALÚO
¿Qué he aprendido?

2 En una comunidad diversa

- Jesús enseña a sus discípulos un nuevo rostro de Dios. Es el Dios de la misericordia, que hace de los pobres y los marginados sus elegidos.
- Los discípulos aprenden a mirar el mundo desde los ojos de Dios y no desde la óptica humana. Jesús les enseña a orar, y, como un perfecto pedagogo, les transmite la novedad del reino de Dios con parábolas y comparaciones.
- Jesús y sus discípulos forman una comunidad diversa como signo del nacimiento del nuevo pueblo de Dios.

3 Continuadores de la misión

- Las primeras comunidades cristianas celebran y anuncian a Jesús resucitado. Viven en total comunión, compartiendo sus vidas y poniendo en común sus posesiones. El amor auténtico y la entrega generosa son sus señas de identidad.
- La Iglesia es la comunidad de los seguidores de Jesús, quienes, al estilo de las primeras comunidades cristianas, actualizan los valores de Jesús y su opción fundamental por los considerados últimos.
- Hoy muchos hombres y mujeres sienten la llamada de Jesús y son enviados por la Iglesia a continuar su misión.

Cristo envió a los apóstoles que había escogido, dándoles el mandato de anunciar el evangelio: "Id, pues, y haced discípulos a todas las gentes bautizándolas en el nombre del Padre y del Hijo y del Espíritu Santo, y enseñándoles a guardar todo lo que yo os he mandado. Y sabed que yo estoy con vosotros todos los días hasta el fin del mundo" (Mt 28,19-20). Fortalecidos con esta misión, los apóstoles "salieron a predicar por todas partes, colaborando el Señor con ellos y confirmando la Palabra con las señales que la acompañaban" (Mc 16,20).

CIC n.º 2

El Evangelio nos entrega una enseñanza explícita de Jesús sobre la oración. Como un pedagogo, nos toma donde estamos y, progresivamente, nos conduce al Padre. Dirigiéndose a las multitudes que le siguen, Jesús comienza con lo que ellas ya saben de la oración por la Antigua Alianza y las prepara para la novedad del reino que está viniendo. Después les revela en parábolas esta novedad. Por último, a sus discípulos, que deberán ser los pedagogos de la oración en su Iglesia, les hablará abiertamente del Padre y del Espíritu Santo.

CIC n.º 2607

Toda la Iglesia es apostólica en cuanto que ella es "enviada" al mundo entero; todos los miembros de la Iglesia, aunque de diferentes maneras, tienen parte en este envío. "La vocación cristiana, por su misma naturaleza, es también vocación al apostolado".

CIC n.º 863

EN LA CULTURA

La vocación de san Mateo

El arte puede transmitir el evangelio de forma eficaz y comprensible para el que lo contemple, cuando se identifica con su contexto histórico. Vamos a estudiar la vocación de Mateo en el contexto histórico de finales del siglo XVI. El evangelio puede igualmente hablar al hombre y la mujer de hoy, solo necesita que el anuncio de esta buena noticia no parezca algo del pasado, sino totalmente actual.

- ¿Pueden ser significativos para nosotros los acontecimientos que ocurren a nuestro alrededor si no están suficientemente contextualizados?

CARAVAGGIO, *La vocación de san Mateo*

Es un óleo sobre lienzo que representa una escena religiosa, pero, por primera vez, Caravaggio utiliza un ambiente diario y cotidiano, una taberna y ropas propias de la época, para representar una escena bíblica. Mateo es un publicano, un recaudador de impuestos que trabaja para los romanos, un renegado colaboracionista. Jesús ve a esta persona, considerada por los judíos un total marginado, y le pide que le siga. El Mateo del siglo XVII que representa Caravaggio es el usurero, el hombre que ha ganado dinero prestando dinero con usura y traficando con la delincuencia y la mentira.

[APLICAMOS]

G **Pensad** cómo representaríais hoy la llamada de Mateo o cualquier otro texto de vocación de los evangelios. ¿Qué papel desempeñaría Mateo en nuestra sociedad actual? ¿Cómo iría vestido? ¿Quién lo acompañaría? ¿En qué lugar estaría? ¿Cómo se dirigiría Jesús a él? Buscad imágenes de internet para hacer un *collage digital* en el que aparezcan todos estos aspectos. Presentad finalmente vuestra composición al resto de la clase, explicando el significado de cada uno de los elementos utilizados.

EN LA BIBLIA

Cuestiones organizativas

A medida que la comunidad cristiana crecía, se hacía necesario organizarse. ¿Quiénes se encargaban de la predicación?, ¿quiénes de las cuestiones económicas?, ¿quiénes de la formación?…
El libro de los Hechos de los Apóstoles (continuación del Evangelio según san Lucas) recoge muchas de estas cuestiones organizativas, entre ellas el reparto de la colecta.

HCH 6,1-7

Elección de los siete

Por aquellos días, debido a que el grupo de los discípulos era muy grande,
1 *los creyentes de origen helenista murmuraron contra los de origen judío, porque*
2 *sus viudas no eran bien atendidas*
3 *en el suministro cotidiano. Los doce convocaron al grupo de los discípulos y les dijeron:*
—No está bien que nosotros dejemos de anunciar la palabra de Dios para dedicarnos al servicio de las mesas. Por tanto, elegid de entre vosotros, hermanos, siete hombres de buena reputación, llenos del Espíritu Santo

1 El griego, lengua vehicular

Los primeros creyentes provenían de Palestina y hablaban hebreo en sus hogares y en la liturgia, aunque también conocerían algo de griego como segundo idioma (desde Alejandro Magno el griego era el idioma para el comercio y la política). Conforme la buena noticia fue extendiéndose, creció el número de creyentes que solo hablaban griego.
Una lengua vehicular es un idioma adoptado por hablantes de distintas lenguas. En la actualidad, el inglés es la lengua vehicular con la que nos comunicamos en todo el mundo.

2 Sus viudas no eran bien atendidas

En la sociedad patriarcal del siglo I, en la que las mujeres dependían económicamente de sus maridos, quedarse viuda era una tragedia. No era extraño que las viudas murieran de hambre.
Esta situación de extrema vulnerabilidad añade dramatismo al episodio en el que Jesús resucita al hijo de una viuda en Naín. Jesús se compadece no solo por el dolor de una madre que pierde a un hijo, sino, además, por el futuro nada halagüeño de una viuda que se queda sin el sustento vital que le aseguraba su hijo varón.

Algún tiempo después, Jesús se marchó a un pueblo llamado Naín, acompañado de sus discípulos y de mucha gente. Cerca ya de la entrada del pueblo, se encontraron con que llevaban a enterrar al hijo único de una viuda. La acompañaba mucha gente del pueblo. El Señor, al verla, se compadeció de ella y le dijo:
—No llores.
Y acercándose, tocó el féretro.
Los que lo llevaban se pararon. Entonces dijo:
—Muchacho, a ti te digo: levántate.
El muerto se incorporó y se puso a hablar; y Jesús se lo entregó a su madre.

Lc 7,11-15

Jesús resucita al hijo de la viuda en Naín.

y de sabiduría, a los cuales encomendaremos
este servicio, para que nosotros podamos
dedicarnos a la oración y al ministerio
de la palabra.
La proposición agradó a todos, y eligieron
4 *a Esteban, hombre lleno de fe y del Espíritu*
Santo, y a Felipe, Prócoro, Nicanor, Timón,
Parmenas y Nicolás, prosélito de Antioquía.
Los presentaron ante los apóstoles, y ellos,
5 *después de orar, les impusieron las manos.*
La palabra de Dios se extendía, el número
de discípulos aumentaba mucho en Jerusalén,
e incluso muchos sacerdotes se adherían
a la fe.

4 Eligieron a los griegos

Esteban (en griego, 'corona o diadema de vencedor'), Felipe (en griego, 'aficionado a los caballos'), Prócoro, Nicanor, Timón, Parmenas y Nicolás, los nombres son de origen griego. Los siete hombres elegidos para servir la mesa (la palabra griega utilizada significa 'mesa de dinero') pertenecen a los creyentes de origen helenista, así se resolvían de una vez por todas las quejas de los creyentes de habla griega.

3 Suministro cotidiano

Según relata el mismo libro de los Hechos de los Apóstoles, "los creyentes vivían todos unidos y tenían todo en común; vendían posesiones y bienes y los repartían entre todos, según la necesidad de cada uno" (Hch 2,44-45). Aunque Lucas tiende a presentar una imagen idílica de los primeros cristianos, lo cierto es que desde sus orígenes crearon un fondo común para atender las necesidades de los más desfavorecidos.

Algunos historiadores llegan a decir que los cristianos crearon la primera Seguridad Social de la historia.

Las cajas de ahorro tienen su origen en los montes de piedad (siglo XVII) impulsados por la Iglesia, instituciones de crédito sin ánimo de lucro que fomentaban el ahorro popular y socorrían a los más necesitados.

Triodos Bank

La banca ética actual recoge parte del espíritu solidario de las antiguas cajas de ahorro.

5 Los apóstoles les impusieron las manos

La imposición de manos simboliza la bendición de Dios y pide la fuerza del Espíritu Santo para llevar a cabo la tarea encomendada.

En el sacramento de la ordenación sacerdotal, el obispo y, después, el resto de los sacerdotes celebrantes imponen las manos sobre el recién ordenado.

Ordenaciones sacerdotales en la Catedral de Madrid

[APLICAMOS]

Lee y actualiza. ¿Qué elementos del relato de los Hechos de los Apóstoles sigues reconociendo en la Iglesia actual? ¿Quiénes se quejan hoy?, ¿por qué lo hacen? ¿Quiénes serían los griegos, los hebreos, los siete elegidos y los apóstoles?

6 Lo que podemos ser

Cuestión de felicidad

¿Cómo puedo yo ser feliz?

- ☐ La felicidad es fruto del azar.
- ☐ Me siento querido y soy capaz de amar a las personas.
- ☐ He tenido mucha suerte en la vida.
- ☐ Tomo decisiones que me ayudan a realizarme como persona.
- ☐ Busco la paz y no me dejo llevar por el odio y la envidia.

Las personas nos vamos construyendo a través de nuestras decisiones.
Jesús de Nazaret invita al ser humano a colocar el amor en el centro de la elección.

YouTube

¿Nuestra vida está escrita o podemos inventarla tomando nuestras propias decisiones?

es.smSiloe.com

ME PREGUNTO

¿Cuánto sé?

PARA EMPEZAR...

Tomar decisiones

Se ha descubierto que los adolescentes toman peores decisiones si se sienten presionados, estresados o solo quieren llamar la atención del grupo. La diferencia entre lo que los adolescentes saben y lo que eligen puede explicarse en términos de situaciones que se han descrito como "frías" o "calientes". Las situaciones de frío son elecciones hechas durante tiempos de baja excitación emocional. Durante estos períodos, los adolescentes pueden tomar decisiones razonadas y racionales.

Las situaciones candentes se refieren a elecciones durante períodos de alta excitación emocional (sentirse excitado, ansioso o molesto). En estos casos las posibilidades de que los adolescentes participen en conductas de riesgo y con poco autocontrol se disparan.

El impacto de la activación emocional en la toma de decisiones explica por qué los adolescentes pueden discutir, por ejemplo, las consecuencias negativas asociadas con el consumo de alcohol y las drogas, pero luego se involucran en esos mismos comportamientos cuando están con sus amigos.

Cristina Fernández

Dialogamos

1 ¿En qué situaciones los adolescentes modifican sus elecciones más racionales?

2 ¿Es bueno tomar decisiones importantes movidos por las presiones del grupo?

3 ¿Quién nos debería ayudar a reflexionar sobre el alcance de nuestras decisiones?

APRENDERÁS...

- Que el ser humano utiliza su razón para deliberar y optar por las opciones que más le ayudan a crecer y formarse como persona.
- Que los hombres y las mujeres son seres libres que construyen su propio destino en busca de la felicidad auténtica.
- A valorar la importancia de relacionarse con los demás desde una dimensión afectiva respetuosa y constructiva.
- A identificar el modelo del amor cristiano como forma de construir un mundo más justo y pacífico.

1 Ser desde la razón

NOS ACTIVAMOS

Lee y responde. Escuchamos en muchas ocasiones que el ser humano es un animal racional. Es decir, que la razón es un elemento que identifica al ser humano y lo diferencia de otras especies. Nuestros cerebros están preparados para comprender, coordinar y conocer la realidad que nos rodea. Todo esto nos ayuda a tener una vida más plena y más completa, pero con frecuencia tomamos decisiones que nos perjudican a nosotros y a los demás.

- ¿Podemos afirmar entonces que las personas, al tomar estas decisiones, están actuando con racionalidad?
- ¿Qué acciones has realizado en las que te has dejado llevar solo por los sentimientos?, ¿qué consecuencias han tenido?

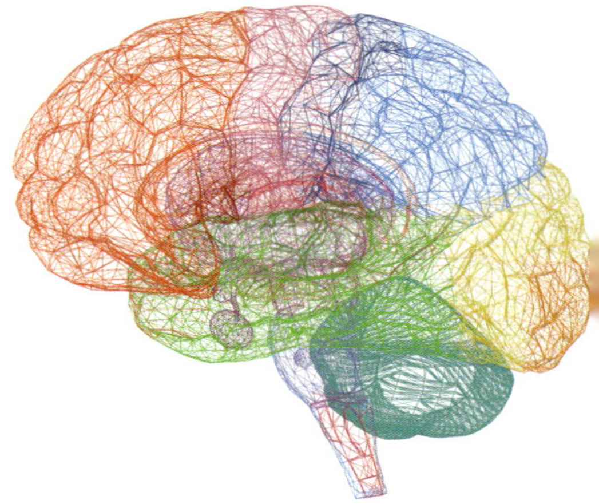

COMPRENDEMOS

La razón nos hace humanos

La razón es una facultad fundamental y esencial en el ser humano que lo convierte en un ser singular y especial en la naturaleza. La razón, unida a los sentidos, es el único medio que tiene el ser humano para entrar en contacto con la realidad que lo rodea. Los sentidos ayudan al ser humano a estar unido y a sentirse identificado con las cosas y circunstancias que se dan en su entorno, pero es por medio de la razón como puede llegar a comprender e interpretar todos los datos que han sido captados por los sentidos para así adquirir conocimiento. Esta capacidad racional es de gran utilidad, ya que ayuda a la adaptación al medio natural y facilita la toma de decisiones que permiten la supervivencia en situaciones, a veces, adversas. La razón posibilita, por tanto, cuestionar los datos de los sentidos, nos permite interpretar la realidad, tomar decisiones y actuar con libertad conforme a unos valores elegidos de forma individual.

Deliberar para orientar la vida

La libertad y la razón son dos elementos constitutivos del ser humano. Estas cualidades permiten tomar decisiones que afectan a la vida del individuo y a la de aquellos que lo rodean. La **deliberación** es la capacidad que nos permite adoptar de forma meditada y libre la decisión que podemos considerar más oportuna para conseguir el fin que nos proponemos. No son decisiones que respondan a nuestro instinto natural exclusivamente, sino que están tomadas atendiendo a una meta que orienta nuestra vida y de la que nos hacemos responsables. Toda deliberación está guiada por tres grandes cuestiones.

- **¿Por qué hay que hacer algo?** Es necesario sentir la necesidad de responder a una situación o problema que requiere una respuesta que no se puede eludir ni posponer indefinidamente.
- **¿Qué hay que hacer?** Una vez valorada la necesidad y encontrada la justificación, hay que plantearse entonces qué respuesta dar. La respuesta será una acción que ayude a encontrar la mejor situación para la construcción del individuo y de las personas que lo rodean. Debe ser una acción posible, ya que, si no es así, las decisiones tomadas no tendrían ningún valor.
- **¿Es lo mejor que se puede hacer?** Por último, hay que analizar si la respuesta a la necesidad que ha surgido es la mejor que se puede dar o si hay otras que se ajustarían mejor aunque implicasen un mayor esfuerzo y exigencia.

VOCABULARIO

deliberación: es el proceso de valoración de las circunstancias que intervienen en una acción o situación con el fin de poder decidir cuál es la mejor opción o, cuando ya no es posible una opción buena, la menos dañina. Es el procedimiento que permite utilizar la razón para buscar la bondad de las acciones. Consiste en inclinarse por una de las opciones que están en juego tras valorar las circunstancias, comprobando en qué medida la elección es coherente con los valores que se han adquirido y teniendo en consideración sus posibles consecuencias.

Briton Rivière, *La tentación en el desierto*

Las deliberaciones importantes están muy unidas a aquellos cambios que afectan a la orientación que las personas quieren dar a sus vidas. No es fácil tomar estas decisiones, por ello es fundamental concederse el tiempo necesario y situarse en un contexto vital o estado de ánimo no sometidos a presión o malestar, para evitar la adopción de una decisión precipitada.

La oración y la deliberación, fundamentos de la acción de Jesús

El Nuevo Testamento nos presenta muchos momentos en los que Jesús, antes de tomar una decisión importante, se retiraba a un lugar solitario a orar y reflexionar, para posteriormente elegir desde su libertad la mejor manera de llevar a cabo la misión que su padre le había encomendado: la construcción del reino de Dios (Lc 6,12; Mt 14,23).

Al comienzo de su vida pública, Jesús se retira al desierto durante cuarenta días para renunciar a lo que la Biblia llama tentaciones (Mc 1,13). El desierto es el lugar en el que Jesús se encuentra consigo mismo. Allí, después de un largo proceso de deliberación, descubre que su vida y su actuación no van a estar orientadas ni por el poder, ni por el tener, ni por el placer personal. Estas son las tres grandes tentaciones que pueden llevar al ser humano a tomar decisiones equivocadas, ya que en ellas no se encuentra la auténtica felicidad a la que todo el mundo aspira. Por eso, Jesús se convierte en ejemplo para todo ser humano, ya que no fundamenta sus decisiones en la satisfacción personal, sino en el bien común, como la mejor manera de desarrollarse como persona y de construir un mundo mejor y más justo.

Filosofía cristiana

La Iglesia siempre ha creído que la fe y la razón, lejos de enfrentarse, pueden aliarse para conducir a Dios. Algunos de los defensores de esta idea son:

- San Agustín
- San Anselmo
- Santo Tomás de Aquino
- Beato Duns Scoto
- Guillermo de Ockham
- Blaise Pascal
- Emmanuel Mounier

APLICAMOS

1 **Piensa y completa.** Lee el texto de san Mateo y completa la información con las tentaciones que aparecen y las respuestas que da Jesús. Piensa y escribe cómo se podrían traducir estas tentaciones en un lenguaje actual y qué respuestas meditadas darías tú.

Entonces Jesús fue llevado al desierto por el Espíritu para ser tentado por el diablo. Y después de ayunar cuarenta días con sus cuarenta noches, al fin sintió hambre. El tentador se le acercó y le dijo: "Si eres Hijo de Dios, di que estas piedras se conviertan en panes". Pero él le contestó: "Está escrito: 'No solo de pan vive el hombre, sino de toda palabra que sale de la boca de Dios'". Entonces el diablo lo llevó a la ciudad santa, lo puso en el alero del templo y le dijo: "Si eres Hijo de Dios, tírate abajo, porque está escrito: 'Ha dado órdenes a sus ángeles acerca de ti y te sostendrán en sus manos, para que tu pie no tropiece con las piedras'". Jesús le dijo: "También está escrito: 'No tentarás al Señor, tu Dios'". De nuevo el diablo lo llevó a un monte altísimo y le mostró los reinos del mundo y su gloria, y le dijo: "Todo esto te daré, si te postras y me adoras". Entonces le dijo Jesús: "Vete, Satanás, porque está escrito: 'Al Señor, tu Dios, adorarás y a él solo darás culto'". Entonces lo dejó el diablo, y he aquí que se acercaron los ángeles y lo servían.

Mt 4,1-11

- Tentaciones relacionadas con el poder:
  - Oferta del tentador.
  - Respuesta de Jesús.
  - Respuesta que daría Jesús hoy.
- Tentaciones relacionadas con el tener:
  - Oferta del tentador.
  - Respuesta de Jesús.
  - Respuesta que daría Jesús hoy.
- Tentaciones relacionadas con el placer:
  - Oferta del tentador.
  - Respuesta de Jesús.
  - Respuesta que daría Jesús hoy.

2 Ser desde la libertad

NOS ACTIVAMOS

G I **Analiza y contesta.** Hoy la libertad es un valor muy importante en nuestra sociedad. Todos quieren sentirse libres para poder realizar lo que desean, sin tener muchas veces en cuanta las necesidades de los demás. Se presenta la libertad como una posibilidad de desarrollo personal e individual que no exige dar cuentas a nadie de las decisiones que se toman. Se escucha muchas veces la expresión "yo con mi vida hago lo que quiero".

- ¿Es el ser humano realmente libre para hacer lo que quiera con su vida, sin tener que dar explicaciones a nadie de sus acciones?
- ¿Se podría construir una sociedad de hombres y mujeres libres si cada uno hiciera lo que le apetece?

COMPRENDEMOS

Somos libres

El ser humano no solo utiliza la razón para deliberar y decidir sobre sus acciones, sino que también es y debe sentirse libre para poder ser protagonista de su historia y responsable de las decisiones que toma. Es innegable que al desarrollar su vida en una sociedad concreta, su personalidad está afectada por la influencia de esa sociedad. Pero ello no anula su libertad ni su capacidad de decidir. Posee una **libertad condicionada**, ya que son muchas las influencias sociales y culturales que posee, pero no una **libertad determinada** que anule la posibilidad de elegir por sí mismo.

El ejercicio de la libertad implica una gran responsabilidad, ya que nuestras acciones afectan a nuestro entorno y pueden ayudar a construir unas relaciones sociales justas, o, por el contario, generar daño y sufrimiento a las personas con las que convivimos. Cuando el ser humano actúa de forma voluntaria y no determinada, se considera que es responsable de lo que hace.

VOCABULARIO

libertad condicionada: la libertad humana es una libertad situada y condicionada. La libertad es la máxima originalidad humana, pero no se explica sin contar con unos orígenes. La libertad arraiga en nuestros condicionamientos biológicos, culturales y sociales. Entender la libertad es pensar en nuestras condiciones y posibilidades.

libertad determinada: corriente de pensamiento que considera que el destino del ser humano no está regido por la libertad, sino por una ley determinista, que está escrita antes de su nacimiento. Desde este punto de vista, el ser humano no puede escapar a su propio destino a pesar de las decisiones que vaya tomando a lo largo de su vida.

Una libertad condicionada

Como ya hemos visto, hay una serie de condicionamientos inevitables y propios del ser humano, que afectan a su toma de decisiones. La dificultad para vivir auténticamente en libertad surge con otro tipo de condicionamientos externos, que sí son evitables y que limitan de una manera decisiva nuestra capacidad de tomar decisiones en libertad: el consumismo, el culto a la propia imagen, las adicciones, etc. La persona debe tomar conciencia de ello para poder decidir y actuar sin estar sometida a estos condicionantes externos, que, definitivamente, no llevan a encontrar la felicidad y que provocan al final una sensación de vacío y de ausencia de valores. Ser libre de estas ataduras permite al individuo mirar la realidad de otra manera y estar abierto a utilizar su libertad en la construcción de un mundo mejor.

Libres para buscar el bien y la verdad

La libertad no solo se puede entender como libertad de elección, sino también como libertad moral. No basta con elegir una opción u otra sin más, sino que se debe considerar el bien como fin de toda acción. Esta manera de elegir contribuye a un mejor desarrollo del ser humano, ya que las opciones nos identifican y configuran el tipo de persona que queremos ser. La libertad, entendida de forma positiva, otorga a las personas la posibilidad de renunciar a los condicionantes evitables que pueden limitar las decisiones, para así poder actuar en busca de la verdad. No es posible hablar de libertad plena si esta no es usada en favor de la justicia social. Somos libres para establecer situaciones de justicia e igualdad allí donde se producen abusos, o donde hay personas que ven amenazada su dignidad.

Actuar en conciencia

La dignidad humana requiere, por tanto, que el hombre actúe según su conciencia y libre elección, es decir, movido e inducido por convicción interna personal y no bajo la presión de un ciego impulso interior o de la mera coacción externa.

Gaudium et spes 17

Jesús, libre de prejuicios para ser él mismo

La libertad de Jesús hay que mirarla desde las relaciones que mantuvo con su entorno familiar, social, político y religioso. Sus acciones no buscaban su interés personal, comodidad o satisfacción propia. Él se libera de los prejuicios de su tiempo para enfrentarse a la institución religiosa, a sus dirigentes, a sus normas. Sus enseñanzas resultaban provocativas y escandalosas para las personas de su tiempo. Actuaba como un hombre totalmente libre, que denunciaba las situaciones de injusticia, asumiendo las consecuencias que se producirían.

Se opuso a toda forma de opresión y sometimiento del hombre y la mujer. Se mostró libre ante la Ley, ante la familia, ante el Templo y ante las costumbres de su tiempo. Él no buscaba su propio interés, sino el bien y la libertad de todos los que se sentían oprimidos por el poder establecido.

El ejemplo de Jesús enseña:

- Que trabajar por formar personas libres debe ser una tarea fundamental en la sociedad.
- Que no hay nadie más libre que aquel que se entrega al servicio del ser humano y de su desarrollo integral.
- Que los vicios, la comodidad, el orgullo, el instinto de poder y la soberbia son algunas de las cadenas que pueden distorsionar las decisiones que se toman.
- Que los individuos pueden perder su libertad cuando se dejan arrastrar por las opiniones de otros en vez de actuar por sí mismos.

La tarea central de la vida es la lucha por la libertad, donde la persona se juega su destino y su identidad. Jesús fue plenamente libre y por eso fue plenamente hombre. Lo que a él le hace totalmente libre es su búsqueda de la verdad, como la única manera de vivir una vida totalmente humana (*cf.* Jn 8,31-32).

Jesús y el dinero (grabado)

El tesoro de la libertad

La libertad, Sancho, es uno de los más preciosos dones que a los hombres dieron los cielos; con ella no pueden igualarse los tesoros que encierra la tierra ni el mar encubre; por la libertad, así como por la honra, se puede y debe aventurar la vida, y, por el contrario, el cautiverio es el mayor mal que puede venir a los hombres.

MIGUEL DE CERVANTES, *El Quijote*, Cap. LVIII, Parte II

APLICAMOS

1 Lee la experiencia de un joven que ha sufrido una adicción a las redes sociales y contesta en tu cuaderno.

Por mi adicción a las redes sociales lo perdí todo, hasta evitaba relacionarme

"Creía que estar todo el día pensando en las redes era normal. Pero las redes sociales me estaban robando la vida. Por mi adicción lo perdí todo, hasta la capacidad de relacionarme con la gente.
El *smartphone* solo era un instrumento, como puede ser un ordenador o una tableta. El problema no era el teléfono porque, de no tenerlo, habría usado otro medio para estar permanentemente conectado.
Lo adictivo era navegar por una red social, porque era un modo de aislarme de los problemas reales que se presentan en el día a día, en la vida".
Entonces fue cuando pidió ayuda. Estuvo diez meses en terapia en Proyecto Hombre y otros seis de reinserción. Ahora está recuperado y sabe cómo poner coto cuando la cosa puede pintar mal.

La Voz de Galicia

- ¿Qué lleva a este joven a ser dependiente de las redes sociales?
- ¿Qué le provoca esta dependencia?
- ¿Cómo limita su libertad la situación que ha vivido?
- ¿Por qué no se puede considerar su adicción como algo que finalmente determina su vida?

3 Ser desde el corazón

NOS ACTIVAMOS

G I **Reflexiona y contesta.** Vivir en sociedad nos hace relacionarnos con muchas personas que tienen distintas formas de pensar, actuar y sentir. Nuestra afectividad nos permite conocernos, convivir y compartir la vida. La manera en la que se gestionan las emociones y los sentimientos ayudará a establecer relaciones que posibiliten el crecimiento personal. Sentirse querido y amado es una necesidad que tiene que alimentar todo ser humano. Sin amor no se puede entender el mundo ni a uno mismo.

- ¿Cómo habrías llegado tú a ser lo que eres si nadie nunca se hubiese preocupado por ti?
- ¿Podría ser feliz la vida del ser humano si este no se sintiera amado?

COMPRENDEMOS

Somos algo más que razón

El humano es un ser racional, que piensa, que es libre y que, por tanto, posee la capacidad de reflexionar y tomar sus propias decisiones. Además del plano racional, el ser humano también posee una dimensión afectiva, que remite a los sentimientos del corazón. Todo ser humano necesita sentirse querido, valorado y reconocido, porque ello le aporta seguridad, autoestima y felicidad. El ser humano no es una isla, no vive ajeno a las circunstancias y personas que tiene alrededor. Vive integrado en una comunidad de personas que le afectan e interpelan. Con todas ellas establece algún tipo de relación, relaciones en las que desempeñan un papel muy importante los sentimientos. La afectividad, unida a la inteligencia, se convierte, por tanto, en el motor de la existencia humana, porque la dirige y la orienta hacia un fin elegido libremente. Hoy es muy habitual hablar de inteligencia emocional como uno de los rasgos más significativos de todo ser humano.

VOCABULARIO

inteligencia emocional: capacidad que tiene el ser humano para gestionar, comprender o manejar sus propias emociones. A su vez, no solo le ayuda a mejorar su calidad de vida, sino a desarrollar y mantener unas relaciones más respetuosas y comprensivas con los demás.

"Capacidad de reconocer, aceptar y canalizar nuestras emociones para dirigir nuestras conductas a objetivos deseados, lograrlos y compartirlos con los demás".

DANIEL GOLEMAN

Las relaciones afectivas construyen la personalidad

El ser humano siempre está disponible para establecer relaciones personales que lo ayudan a formar su propia personalidad y su estabilidad emocional. Son propias de su naturaleza humana y contribuyen a nuestra realización personal.

- **La relación familiar.** Los vínculos familiares son la unidad básica de la sociedad. Todo ser humano nace en una estructura familiar en la que ha de sentirse querido y cuidado. El tipo de relación de amor que se establece en una familia ayudará al individuo a formar su autoestima y su seguridad ante la vida. En la familia las personas comienzan a construir su personalidad, lo que les facilitará su toma de decisiones futuras y la posibilidad de establecer unas relaciones humanas más saludables.
- **La relación de amistad.** Estas relaciones tienen un papel fundamental en la vida humana. Estos vínculos están fundamentados en el afecto y en la confianza. Nos unimos a las personas con las que tenemos una manera similar de entender la vida y con las que podemos expresarnos con naturalidad y espontaneidad.
- **La relación de pareja.** Este tipo de relación está basado en el amor mutuo elegido libremente. Esto significa tener claro que una persona no pertenece a otra en propiedad, sino que ha decidido libremente mantener una relación que se fundamenta en el amor, fidelidad, respeto, comunicación y tolerancia propias de toda relación de pareja. Amar desde la libertad significa aceptar que el otro tiene derecho a tomar sus propias decisiones y a elegir la manera en la que quiere orientar su vida.

Papa Francisco
@Pontifex_es

Saber perdonar y sentirse perdonados es una experiencia fundamental en la vida familiar.

El amor cristiano. Una manera de vivir en positivo la afectividad

La vida de Jesús enseña a vivir y expresar la afectividad y el amor de una manera auténtica. El rasgo fundamental que define el amor cristiano es la entrega generosa, que dista mucho del egoísmo y de los caprichos personales.

- **Amar el primero.** El cristiano ama primero porque se ha sentido profundamente amado por Dios y ama sin interés, sin esperar nada a cambio, sin mirar si el otro es amigo o enemigo. Él toma la iniciativa en amar primero sin ningún tipo de temor, al estilo de Jesús, porque así ama Dios a los seres humanos (*cf.* 1 Jn 4,18-19).
- **Amar a todos es un amor universal.** Jesús ama incluso a aquellos que no quieren seguirle, que no escuchan su mensaje, que lo rechazan, que no están dispuestos a abandonar sus riquezas y seguridades (*cf.* Mc 10,21-22).
- **Amar a los enemigos.** Un rasgo distintivo y muy singular del amor cristiano es el amor a los enemigos. Puede ser incomprensible este tipo de amor en la sociedad en la que vivimos y en los ambientes en los que nos movemos, pero es el gesto de amor más generoso y el que puede construir una mundo más humano y fraterno. Jesús rompe con las normas y los esquemas de su época y propone una novedosa manera de amar (*cf.* Mt 5,45).
- **Amar dando la propia vida.** El amor cristiano, de la misma manera que el que sienten un padre y una madre por su hijo, se ofrece hasta entregar lo más importante que tiene todo ser humano: su propia vida. No hay una manera más radical de amar y de entregarse en un mundo que, en ocasiones, entiende el amor como una forma de imponer y someter la voluntad de otras personas. No es un amor que da algo, sino que entrega su propia vida (*cf.* Jn 15,13).
- **Amar desde el servicio.** El cristianismo entiende que un amor que no está dispuesto a servir y a colaborar en la construcción de un mundo mejor queda vacío y falto de sentido. Los cristianos expresan su amor por los demás desde la implicación sincera en establecer relaciones más justas y en eliminar los abusos de poder que se cometen contra los más pobres e indefensos. Jesús, en el gesto de lavar los pies a sus discípulos, expresa esta disposición de ponerse al servicio de todos sin excepción.

La verdadera fe

La verdadera fe es la que nos hace más caritativos, más misericordiosos, más honestos y más humanos; es la que anima los corazones para llevarlos a amar a todos gratuitamente, sin distinción y sin preferencias, es la que nos hace ver al otro no como a un enemigo para derrotar, sino como a un hermano para amar, servir y ayudar

Papa Francisco

APLICAMOS

1 **Lee y contesta.** San Pablo, en su carta a los cristianos de Corinto, hizo una bella definición del amor cristiano. Lee el texto y contesta a las siguientes cuestiones.

Si hablara las lenguas de los hombres y de los ángeles, pero no tengo amor, no sería más que un metal que resuena o un címbalo que aturde. Si tuviera el don de la profecía y conociera todos los secretos y todo el saber; si tuviera fe como para mover montañas, pero no tengo amor, no sería nada. Si repartiera todos mis bienes entre los necesitados; si entregara mi cuerpo a las llamas, pero no tengo amor, de nada me serviría.

El amor es paciente, es benigno; el amor no tiene envidia, no presume, no se engríe; no es indecoroso ni egoísta; no se irrita; no lleva cuentas del mal; no se alegra de la injusticia, sino que goza con la verdad. Todo lo excusa, todo lo cree, todo lo espera, todo lo soporta.

1 Cor 13,1-7

- ¿Qué importancia le da san Pablo a amar y sentirse amado?
- ¿Qué cualidades definen en el texto el amor cristiano?
- ¿Qué característica de las expuestas consideras que es más importante cuando se ama de forma auténtica?

APLICAMOS *más*

1 Ser desde la razón

El valor de nuestras decisiones morales aumenta cuando estas entran en conflicto con nuestros intereses personales. Renunciar a un beneficio particular y defender el derecho de otros es un comportamiento que tiene consecuencias en la mejora de la convivencia.

Una persona sin hogar devuelve una cartera con 1000 euros

Un sintecho ha devuelto en el municipio tarraconense de Amposta una cartera perdida con 1000 euros. El propietario, un ciudadano belga residente en la localidad de Vinaròs, situada a 35 kilómetros de distancia, en la provincia de Castellón, lo quiere localizar para agradecerle el gesto, según informa el consistorio de la capital del Montsià.

El vagabundo encontró una cartera perdida con 1000 euros en efectivo y documentación en su interior, la entregó a la camarera de un establecimiento de la ciudad para que la hiciera llegar a la policía local y se pudiera localizar a su propietario para devolvérsela. Para la policía local de este municipio tarraconense, "acciones como la realizada por este señor son el ejemplo de lo que tendría que ser la esencia de nuestra sociedad".

La Voz del Sur

1 Lee y contesta.

- ¿Qué opciones se le presentan a la persona sin hogar cuando se encuentra la cartera?
- ¿Qué reflexión haría y qué valores marcarían la decisión final de devolver la cartera, cuando probablemente ese dinero fuera muy necesario para él?
- ¿Según la policía local, cuál debería ser la esencia de nuestra sociedad?
- Si estuvieras tú en esa situación, ¿qué reflexión habrías hecho y qué opción habrías elegido?

2 Ser desde la libertad

Hay personas que responsabilizan al destino lo que les está ocurriendo en la vida. Consideran que no se puede cambiar y que deben resignarse a lo que les ha tocado vivir. Desde esta postura es muy difícil mantener que el ser humano es dueño de su historia y de sus decisiones.

El destino es el que baraja las cartas, pero nosotros somos los que jugamos

A menudo sentimos esa extraña sensación donde la casualidad, lo inesperado, va poniendo marcas en nuestro camino, obligándonos a encauzar la vida en una dirección u otra. Hay quien dice que lo que guía nuestra vida es el destino.

El destino es una fuerza que está por encima de nosotros y que nos empuja hacia una sucesión inevitable de acontecimientos, de circunstancias de las que no podemos escapar. Es cierto que a veces suceden cosas que nos sorprenden: conocer a alguien en un determinado lugar en curiosas circunstancias, esa suerte que un día aparece de modo inesperado, esa elección que tomamos sin saber muy bien por qué...

Pero la cuestión se centra en que si aceptamos la existencia del destino, asumimos que parte de lo que nos sucede está marcado por los designios de quién sabe qué. Es algo que escapa por completo a nuestra comprensión y puede que incluso hasta a nuestra propia consciencia. Entonces, ¿dónde están los hilos de nuestra vida? ¿Cómo ser responsables de algo que ni siquiera controlamos?

Hay científicos que afirman la existencia de un "destino casi obligado", y es el relativo a la la genética de nuestros progenitores, que en ocasiones nos

determina en muchos aspectos, a veces en carácter y otras en rasgos físicos, en enfermedades... Pero, por otra parte, también tenemos la concepción indispensable del libre albedrío, donde cada uno está condicionado por sus propias elecciones. Lo está por su propia historia personal y también por su vida en una sociedad que le permite inclinarse por una determinada senda u otra, reconociendo sus errores, confiando en uno mismo y asumiendo nuevos retos.
La vida de uno no se teje en las estrellas, sino en nuestra propia realidad y en el día a día, que nos va poniendo pruebas y retos para probarnos como personas. Somos libres de establecer nuestras propias metas y conseguir nuestros propios logros, pero la casualidad también existe. Cierto es que nuestras vidas a veces son un caos de casualidades y hechos ilógicos, pero el llevar las riendas de nuestro destino, ser dueños de nuestro timón, nos va a permitir ser más personas.

1 Piensa y opina. **Este texto reflexiona sobre la influencia del destino y la capacidad que tenemos para elegir. Medita sobre su contenido y elabora tu propia opinión personal.**

- ¿Qué conclusiones sacas del texto tras leerlo y reflexionar?
- ¿Qué razones aportarías tú para afirmar o negar que nuestra vida ya está escrita y que solamente tenemos que vivir un destino establecido previamente?
- Según tu opinión, argumenta por qué podemos decir que el ser humano es libre para elegir, o, por el contario, que está determinado por sus circunstancias.

3 Ser desde el corazón

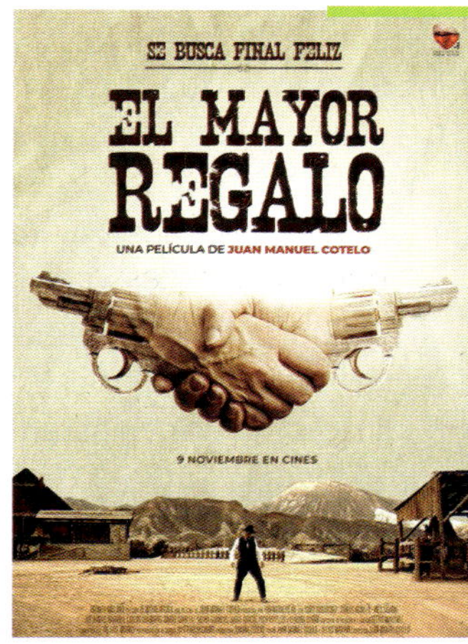

La forma en la que expresamos nuestro afecto a los demás da una imagen de cómo somos como personas. Dar y recibir el perdón es una de las posibilidades para las personas de manifestar su amor hacia los demás.

El mayor regalo

El mayor regalo es una película que habla del perdón a través de testimonios de quienes lo han dado y recibido. El objetivo es demostrar que el perdón puede con las situaciones más imperdonables: desde una pequeña rencilla hasta muertes violentas durante una guerra. Una de las protagonistas en esta película es la madrileña Irene Villa, que sufrió un atentado terrorista que le amputó las dos piernas.

¿Qué papel tiene la fe en la vida de Irene Villa?

"La fe es fundamental. La fe llega donde el deporte, tu cabeza, tu mente... no llegan. Eso es esperanza, fe, una fuerza infinita y además muchísimo más potente que todo lo demás. Yo siempre he sido una persona muy terrenal, lo tengo que reconocer, siempre he creído en el ser humano, en nuestras capacidades, como psicóloga también en nuestros pensamientos, pero es cierto que hay una parte a la que solo llega la fe: creer en ti y creer en algo más grande que tú".

La paz interior ha marcado su vida

"Creo que la paz interior es el objetivo, lo más importante de cada persona, creo que tenemos el compromiso de transmitir paz interior porque es una de las herramientas fundamentales para tener éxito en la familia, que es el éxito en la vida, y con la gente que te rodea, y poder contagiarlo".

Camino Católico

1 Reflexiona y contesta.

- ¿Qué te sugiere la frase "No hay paz sin perdón"?
- ¿Qué importancia le da Irene Villa a la fe para poder establecer relaciones más humanas con las personas?
- ¿Dónde encuentra ella la energía para poder perdonar y seguir la vida con esperanza e ilusión a pesar del daño recibido?

Resumimos

es.smSiloe.com
RESUMO
Ruleta de palabras

1 Ser desde la razón

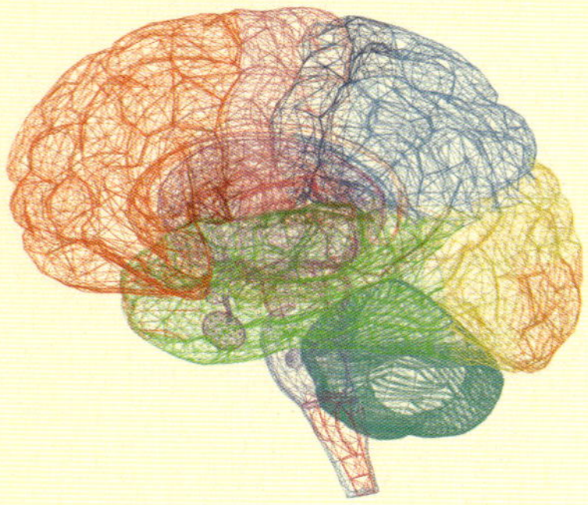

- La razón es una facultad fundamental y esencial en el ser humano que nos ayuda a interesarnos por la vida de los demás.
- Por medio de la deliberación, elegimos de forma libre y razonada las opciones que buscan un bien mayor para nosotros y para la sociedad.
- Jesús busca en su vida momentos de silencio para orar, meditar y reflexionar antes de elegir qué hacer, y para valorar si los resultados de sus actuaciones están orientadas a la construcción del reino de Dios en el mundo.

es.smSiloe.com
ME AUTOEVALÚO
¿Qué he aprendido?

La libertad es el poder, radicado en la razón y en la voluntad, de obrar o de no obrar, de hacer esto o aquello, de ejecutar así por sí mismo acciones deliberadas. Por el libre arbitrio cada uno dispone de sí mismo. La libertad es en la persona una fuerza de crecimiento y de maduración en la verdad y la bondad. La libertad alcanza su perfección cuando está ordenada a Dios, nuestra bienaventuranza.

CIC n.º 1731

2 Ser desde la libertad

- El ser humano posee una libertad que está sometida a una serie de condiciones, pero que no le imposibilitan poder elegir por sí mismo.
- Buscamos ser libres de una manera de ser impuesta por la sociedad, que nos hace vivir centrados en nosotros mismos y que nos presenta una manera de ser felices superficial y pasajera.
- Somos libres para buscar el bien y la verdad, para liberarnos de los prejuicios, al estilo de Jesús, y poder realizarnos como la persona que queremos ser y así construir una sociedad más humana y justa.

En la medida en que el ser humano hace más el bien, se va haciendo también más libre. No hay verdadera libertad sino en el servicio del bien y de la justicia. La elección de la desobediencia y del mal es un abuso de la libertad y conduce a la esclavitud del pecado (*cf.* Rm 6,17).

CIC n.º 1733

3 Ser desde el corazón

- El ser humano es algo más que razón. Posee una dimensión afectiva que desarrolla por medio de su inteligencia emocional.
- Somos seres que no pueden vivir aislados. Estamos llamados a relacionarnos. Es una de las dimensiones fundamentales del ser humano. Toda relación construye y desarrolla nuestra personalidad, nuestra forma de ser.
- El cristianismo enseña una forma de vivir el amor y expresar la afectividad que busca relaciones auténticas entre los seres humanos, a imitación de Jesús. Busca poner al prójimo y sus necesidades en el centro de sus actuaciones para construir la paz y la justicia.

De ahí que el amor hacia Dios y hacia el prójimo sea la característica distintiva del verdadero discípulo de Cristo. Así como Jesús, el Hijo de Dios, manifestó su caridad ofreciendo su vida por nosotros, nadie tiene un mayor amor que el que ofrece la vida por él y por sus hermanos. Pues bien, ya desde los primeros tiempos algunos cristianos se vieron llamados, y siempre se encontrarán otros llamados a dar este máximo testimonio de amor delante de todos, principalmente delante de los perseguidores.

Lumen gentium 42

EN LA CULTURA

La capacidad de pensar y decidir nuestro destino es uno de los rasgos que nos identifican como seres humanos. Hay personas que se dejan llevar por las opiniones de los demás o por las modas pasajeras que establece nuestra sociedad. Es importante ser libre de las esclavitudes superficiales que se imponen, para ser uno mismo y poder construir el tipo de persona que se quiere ser. Para ello es importante parar de vez en cuando, pensar qué se debe hacer, valorar la mejor opción y actuar con criterio y asumiendo la responsabilidad.

Hace años, unos vándalos escribieron un grafiti con aerosol en una de las fundiciones de *El pensador*, de Auguste Rodin. Decía: "Piensa de qué te sirvió tanto pensar".

- Razona si pensar es o no una pérdida de tiempo. ¿A qué situaciones de tu vida les has dedicado más tiempo de reflexión?
- ¿Cómo sería una vida en la que nadie pensase lo que hace, sino que actuara exclusivamente guiado por sus instintos más primarios?

AUGUSTE RODIN, *El pensador*

El famoso *Pensador* es la obra más célebre de Auguste Rodin (1840-1917) y una de las esculturas más geniales de todos los tiempos. Representa a Dante, el poeta que escribió la *Divina comedia*, una obra maestra de la literatura italiana y universal que es fundamental para entender la transición del pensamiento medieval al renacentista. La escultura se llamó en un primer momento *El poeta*, en alusión a Dante. Rodin creó a un hombre desnudo sentado sobre una roca en actitud pensativa, con una tensión muscular presente en toda la escultura.

> En mis obras de arte siempre me propuse enfatizar los gestos; muy rara vez representé el estado de la inmovilidad absoluta. Siempre he tratado de expresar los sentimientos internos a través de la tensión muscular… Sin la vida, el arte no existe. Lo que hace que mi pensador piense es que piensa no solo con el cerebro, las cejas fruncidas, las aletas de la nariz distendidas y los labios apretados, sino también con cada músculo de los brazos, la espalda y las piernas, con los puños cerrados y los dedos de los pies encogidos.
>
> AUGUSTE RODIN

[APLICAMOS]

G **Nos unimos en grupos de cuatro personas para realizar una actividad que nos ayude a analizar problemas de nuestra realidad actual, así como a darles respuestas razonables y que busquen el bien común y la solidaridad. Escogeremos dos imágenes que sean especialmente significativas para nosotros y nuestros ambientes. Tienen que representar la manera en la que muchas veces nos relacionamos entre nosotros. Después de haber seleccionado las imágenes, las imprimiremos en A3 y las analizaremos en el grupo.**

EN LA BIBLIA

Discernir en cristiano

El encuentro con Jesús era una experiencia transformadora que obligaba a cuestionar las prioridades y a incorporar nuevos valores a la hora de discernir cómo actuar. Hay circunstancias que condicionan la decisión que se ha de tomar.

1 Se le acercó uno corriendo

Este pasaje se conoce habitualmente como el del "joven rico". Pero, en realidad, eso le cuadra más a la versión de Mateo (19,16-30), donde sí se dice explícitamente que el hombre que se acerca a Jesús es joven. Por el contrario, en este pasaje del Evangelio según san Marcos, y en el paralelo de Lucas, más bien habría que deducir que ese hombre no es joven, ya que dice que los mandamientos los ha cumplido precisamente "desde su juventud".

2 Maestro bueno

El adjetivo *bueno* (o *distinguido*), que acompaña al título de maestro que el hombre que se acerca corriendo da a Jesús, parece la típica exageración obsequiosa –muy propia del mundo oriental– para tratar de conseguir lo que se quiere. En nuestra cultura se diría "hacer la pelota". De hecho, Jesús lo interpreta así, ya que se desmarca de él, poniendo las cosas en su sitio: "bueno solo es Dios".

3 Ya sabes los mandamientos

Jesús enumera los mandamientos. Según la tradición judía son el camino de la salvación. Pero omite los que se refieren a Dios: "Amarás a Dios", "santificarás sus fiestas"… Solo cita los que hacen referencia a la relación con los demás.

MARCOS 10,17-22

El joven rico

1 *Cuando salía Jesús al camino, se le acercó*
uno corriendo, se arrodilló ante él y le preguntó:
2 *—Maestro bueno, ¿qué haré para heredar*
la vida eterna?
Jesús le contestó:
—¿Por qué me llamas bueno?
No hay nadie bueno más que Dios.
3 *Ya sabes los mandamientos: no matarás,*
no cometerás adulterio, no robarás,
no darás falso testimonio,
no estafarás, honra a tu padre y a tu madre.
Él replicó:
—Maestro, todo eso lo he cumplido desde mi
juventud.
4 *Jesús se quedó mirándolo, lo amó y le dijo:*
—Una cosa te falta: anda, vende lo que tienes,
dáselo a los pobres, así tendrás un tesoro en el
cielo, y luego ven y sígueme.
A estas palabras, él frunció el ceño y
5 *se marchó triste, porque era muy rico.*

HEINRICH HOFMANN, *El joven rico*. Nueva York

4 Mirándolo, lo amó

Es importante el matiz que se introduce en el texto: Jesús mira con cariño al hombre que se ha acercado a él. Por eso, las palabras que le dirige, aunque duras y difíciles de cumplir, no suenan a reproche, sino que están llenas de afecto. Probablemente sea eso lo que explique por qué en la historia de la Iglesia ha habido muchos cristianos que han realizado cosas tan duras como esa, pero las han hecho con la alegría de saber que Jesús estaba con ellos. Algunos, como Francisco de Asís y Domingo de Guzmán, se plantearon a sí mismos y a sus discípulos, los franciscanos y dominicos respectivamente, vivir de lo que les daban y renunciar a todo tipo de propiedades o bienes, ya sean personales o comunes.

San Francisco y santo Tomás (Ávila)

5 Se marchó triste

Lo que le ha planteado Jesús al que se le ha acercado es una paradoja, ya que le ofrece ser rico –tener un tesoro en el cielo– haciéndose pobre. Una paradoja similar la planteará san Pablo a los cristianos de Corinto al hablar de Jesús: "siendo rico, se hizo pobre por vosotros para enriqueceros con su pobreza" (2 Cor 8,9).

El dinero no hace felices a las personas

Para saber qué hace felices a las personas, Kostadin Kushlev, Elizabeth W. Dunn y Richard E. Lucas encuestaron a 12 291 personas con todo tipo de ingresos. Para estos psicólogos, la felicidad se crea en relación con dos elementos: el primero es el sentimiento que tiene una persona de que su vida es buena y está progresando, el segundo es el que se halla sabiendo si los momentos de alegría superan a los de tristeza en un determinado sujeto.

[APLICAMOS]

6 Investigad.

– Fijaos en los mandamientos que menciona Jesús en el texto. Comparadlos con la lista que aparece en el Decálogo de Ex 20,1-17. ¿Cuáles faltan?

– Debatid por qué, en vuestra opinión, están los que están y faltan los que faltan.

BLOQUE 4

Permanencia de Jesucristo en la historia: la Iglesia

7 Al servicio de la verdad

De ti me puedo fiar

¿Cómo sé que alguien me está diciendo la verdad?

- ☐ Actúa con coherencia en su vida. Hace lo que dice.
- ☐ Me quiere y desea lo mejor para mí.
- ☐ No me obliga a pensar de la misma manera.
- ☐ Para mí tiene autoridad. Nunca me engañaría.
- ☐ Es un amigo. Sé que me respeta.

La Iglesia no es un foro de especialistas en política, economía, ecología…; sin embargo, contribuye al bien común ofreciendo su visión desde el evangelio y la tradición.

YouTube

¿Quién nos puede ayudar a dialogar sobre el sentido de nuestras decisiones? ¿Quién puede ayudarnos sin buscar algún interés?

PARA EMPEZAR…

Ser autoritario

"En casa siempre hemos tenido normas muy claras sobre la forma de educar a nuestro hijo de 15 años. Hasta ahora hemos valorado mucho su obediencia, pero últimamente tiene conflictos en el instituto, problemas de peleas en la calle, no estudia lo suficiente… No lo entendemos, ya que siempre hemos sido severos y sabe que esto le va a suponer un castigo. ¿Por qué este comportamiento ahora?".

Estas serían algunas de las características de padres o madres con un estilo autoritario de ejercer la autoridad:

- Intentan moldear, controlar y valorar el comportamiento y las actitudes de su hijo de acuerdo con unas normas de conducta cerradas.
- Valoran la obediencia como una virtud absoluta y favorecen las medidas punitivas para frenar la propia voluntad de su hijo.
- No favorecen la comunicación verbal, ya que el adolescente debe aceptar como correcto lo que sus padres digan, sin negociación posible.
- Programan al mínimo detalle las actividades de su hijo. No dejan espacio a la improvisación.
- Los padres resuelven los problemas de su hijo y toman las decisiones por ellos por miedo a que se equivoquen.

Dialogamos

1 ¿La autoridad es algo positivo? ¿Por qué?

2 ¿Cómo creéis que tendrían que educar los padres y los profesores que actuaran con autoridad y no con autoritarismo?

3 Justifica si tú eres o no autoridad para tus compañeros.

APRENDERÁS…

- Que la autoridad es necesaria para que podamos realizarnos plenamente como seres humanos.
- A valorar y describir qué características deben tener las personas que son autoridad para nosotros.
- La importancia de ejercer el poder desde el servicio para buscar el bien común.
- Que la Iglesia, a lo largo de su historia, ha ejercido el poder al servicio de la verdad del ser humano, trabajando por dignificar la vida de las personas.

es.smSiloe.com
ME PREGUNTO
¿Cuánto sé?

1 Poder y autoridad

NOS ACTIVAMOS

Lee, juzga y responde. Hay veces que no nos gusta que nos digan lo que tenemos que hacer y cómo tenemos que actuar. En nuestra vida tenemos personas que nos orientan y que nos ponen límites permanentemente. Muchos psicólogos destacan que la figura de autoridad es sumamente necesaria. Resulta de gran importancia que durante el crecimiento del ser humano exista quien nos eduque y nos oriente. Esta educación está relacionada con marcar límites para conocer lo que está bien y lo que está mal, para así desarrollar la conciencia moral y ética necesaria para vivir en sociedad.

- ¿Qué personas conoces en tu vida que tengan autoridad y por qué razones permites que puedan ejercerla sobre ti?
- ¿Cómo te imaginas que sería la sociedad si no hubiera ningún tipo de autoridad que estableciera unos límites?

COMPRENDEMOS

La autoridad. Reconocimiento de un poder legítimo

La **autoridad** no es sinónimo de fuerza o poder. Es cierto que cuando se habla de autoridad, es muy difícil entenderla sin tener en cuenta el poder que el concepto lleva implícito, pero hay que saber diferenciar bien el significado de *poder* y *autoridad*, ya que son dos conceptos que están muy relacionados, pero que no significan lo mismo. El poder es la fuerza mediante la cual se puede obligar a otra persona a obedecer. La autoridad, en cambio, está íntimamente relacionada con el derecho que alguien ha adquirido para dirigir, mandar y ser obedecido por otro. La autoridad se puede identificar con modelo o ejemplaridad y necesita del poder para ejercitarse, pero no se impone de forma arbitraria, sino que es reconocida de forma libre por los individuos, atendiendo a la bondad, credibilidad y honestidad de la persona a la que se obedece. Aceptar la autoridad de alguien implica aceptar que está al servicio de la verdad y que su intención no es manipular a nadie ni difuminar la realidad. Reconocer la autoridad de una persona o institución no conlleva la obligación de obedecer los mandatos que surjan de ella y que se puedan considerar contrarios a la verdad, a la vida y a la dignidad de las personas.

Cuando la autoridad no es reconocida, se suele producir un abuso de poder. Este es un hecho muy grave, ya que destruye la convivencia social y reduce a las personas a simples sujetos a los que se puede manipular sin ningún tipo de consecuencia para el gobernante. Todo abuso de poder anula cualquier tipo de confianza y libertad, provocando así la imposibilidad de reconocer autoridad en ese uso del poder.

Al mirar la historia, se pueden descubrir formas de gobierno que han transmitido una concepción errónea del ser humano. Se ha ejercido el poder sin reconocer la dignidad y la libertad que todo ser humano posee, lo que ha causado muchas situaciones de injusticia y sufrimiento.

VOCABULARIO

autoridad: es muy significativo el origen etimológico de la palabra *autoridad*. Viene de la raíz latina *augere*, que significa 'aumentar', 'hacer crecer'. No se puede reducir el significado de la palabra *autoridad* al poder que alguien tiene, sino a la capacidad que posee de hacer que las personas crezcan y prosperen.

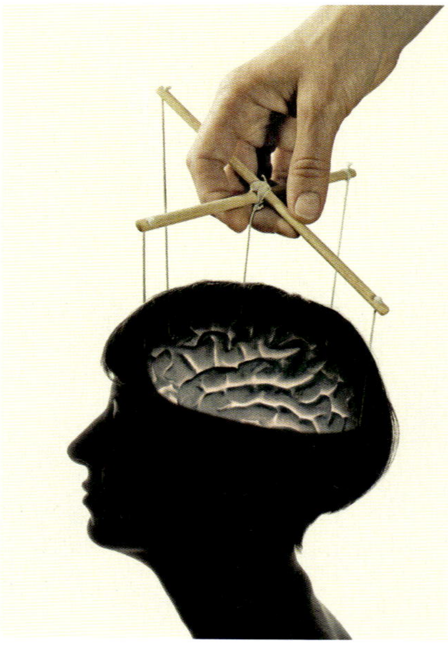

Los totalitarismos. El poder que se impone

El totalitarismo es una forma de gobierno en la que todos los aspectos de la vida que afectan a los seres humanos, ya sean de orden social, económico, intelectual, cultural o espiritual, están subordinados a los intereses particulares de los gobernantes. En este sistema de gobierno, los derechos y libertades de los ciudadanos no merecen ninguna consideración, ya que su objetivo no es el bien de la sociedad y la búsqueda de la verdad, sino el cumplimiento de los propósitos del líder.

Bajo los regímenes totalitarios, las personas han cometido las peores atrocidades y los mayores abusos imaginables, como los que ocurrieron bajo el nazismo o el estalinismo. Lo propio del ser humano es la sociabilidad, el reconocimiento mutuo, la interrelación; pero cuando esta sociabilidad no se puede dar normalmente, como suele suceder en los regímenes totalitarios, aparecen la maldad y la falta de humanidad de las personas con sus semejantes.

La democracia. Una manera de participación activa

Una forma práctica de ejercer el poder, entendido como servicio, son los sistemas democráticos actuales. La esencia última de toda acción democrática es la participación pacífica, activa y libre de los ciudadanos en la vida pública de su comunidad y su nación. Todo sistema democrático tiene las siguientes características fundamentales:

- El poder y la autoridad se ejercen por medio de la ley. La garantía de que se vive en una sociedad justa se consigue cuando las leyes que son dictadas por los poderes del Estado son de obligatorio cumplimiento para todos sin ningún tipo de excepción.
- Es una forma de gobierno en la que todos los ciudadanos, a los que ya se considera adultos, ejercen el poder y la responsabilidad implícita que ello conlleva, ya sea de una forma directa o por medio de representantes elegidos libremente.
- Se basa en los principios del gobierno de la mayoría, pero no por ello deben quedar desatendidas las minorías, a las que también se tiene en cuenta y cuyas necesidades e inquietudes reciben respuesta.
- Su principal función es proteger los derechos humanos básicos que todo individuo tiene por el mero hecho de nacer, como son el derecho a la vida, a la libertad de expresión, de religión, de igualdad y de participación en la vida política, económica y cultural de la sociedad.

Subsidiariedad y solidaridad

Para que una sociedad funcione con justicia y esta se pueda constituir en la base de todo orden social, es necesario que los Estados garanticen la adecuada interrelación de dos principios básicos e insustituibles: el principio de subsidiariedad y el principio de solidaridad.

Principio de subsidiariedad
Este principio se apoya en la libertad individual y favorece la iniciativa privada en todos los niveles de la sociedad, fomentando el desarrollo de la persona.

Principio de solidaridad
Este principio busca el bien común y da prioridad al bienestar de todos frente a intereses propios y egoístas, que pueden llevar a desentenderse de las necesidades y urgencias de los demás miembros de la sociedad.

APLICAMOS

1 Lee y completa.

Y entran en Cafarnaún y, al sábado siguiente, entra en la sinagoga a enseñar; estaban asombrados de su enseñanza, porque les enseñaba con autoridad y no como los escribas. Había precisamente en su sinagoga un hombre que tenía un espíritu inmundo y se puso a gritar: "¿Qué tenemos que ver nosotros contigo, Jesús Nazareno? ¿Has venido a acabar con nosotros? Sé quién eres: el Santo de Dios". Jesús lo increpó: "¡Cállate y sal de él!". El espíritu inmundo lo retorció violentamente y, dando un grito muy fuerte, salió de él. Todos se preguntaron estupefactos: "¿Qué es esto? Una enseñanza nueva expuesta con autoridad".

Mc 1,21-27

- ¿Qué rasgos de autoridad manifiesta Jesús en este texto?
- ¿Por qué se quedarían asombrados los testigos de este milagro de la autoridad con la que actuaba Jesús?
- ¿Qué piensas que significa enseñar con autoridad?

2 Define con tus palabras los siguientes términos.

Democracia — Subsidiariedad — Solidaridad — Constitución

2 Una verdad compartida

NOS ACTIVAMOS

G I **Analiza y contesta.** **Anualmente, la Unidad de Inteligencia de The Economist (EIU) interpreta lo ocurrido en cada país para valorar su nivel real de democracia. En su última publicación, referida al año 2018, constata que la participación política de los ciudadanos crece en casi todas las regiones del mundo. El índice también destaca que en la pasada década la participación política de la mujer ha mejorado más que cualquier otro indicador del modelo. En cuanto al total de la población mundial, solamente el 4,5 % vive en completa democracia. Un tercio de la población mundial vive bajo algún tipo de régimen autoritario.**

- ¿Qué consecuencias tiene que solamente el 4,5 % de la población mundial viva una democracia completa?
- ¿Por qué la democracia es la mejor forma de gobierno a pesar de sus limitaciones?

COMPRENDEMOS

La libertad, igualdad y fraternidad en las primeras comunidades cristianas

La Iglesia, como toda institución, está orientada a una finalidad concreta, con un estilo propio y una forma de vivir y de actuar que la identifican. En el Nuevo Testamento y en la persona de Jesús aparece con claridad la manera en la que debe organizarse y el servicio que está llamada a realizar. Desde el comienzo de su vida pública, Jesús manifiesta la importancia de vivir la fe de manera comunitaria.

La libertad es uno de los rasgos que definen a estas primeras comunidades cristianas. Jesús tiene la misión de liberar al ser humano, para que pueda elegir y orientar su vida en la construcción de un mundo mejor. Jesús no impone que le sigan; al contrario, respeta la opción libre de aquellos que no quieren estar junto a él, como ocurre con el "joven rico". Esta opción tan clara de Jesús por la libertad de la persona se hará patente en la vida de toda la comunidad cristiana.

La igualdad entre todos los miembros que forman parte de las primeras comunidades cristianas es una de las experiencias más novedosas. En una sociedad profundamente dividida entre hombres y mujeres; esclavos y libres; ricos y pobres, el mensaje de Jesús es radical al defender la igualdad de todos. La dignidad de todas las personas, independientemente de su sexo, raza, nación o creencias, es definida con toda claridad en la vida de la comunidad cristiana.

La fraternidad es vivida como un elemento esencial en la comunidad cristiana. No se puede ser cristiano sin amar y respetar al prójimo. Los primeros cristianos se llamaban entre sí hermanos y se reconocían por esta manera tan singular de relacionarse. Este deseo de vivir fraternalmente no solo se reducía a los que pensaban o actuaban igual que ellos, sino que era un sentimiento universal. Todo hombre y mujer es hermano por el hecho de ser hijos de un mismo padre.

> *Él les pregunta: "¿Quiénes son mi madre y mis hermanos?". Y mirando a los que estaban sentados alrededor, dice: "Estos son mi madre y mis hermanos. El que haga la voluntad de Dios, ese es mi hermano y mi hermana y mi madre".*
>
> Mc 3,33

Grande entre vosotros

Jesús, llamándolos, les dijo: "Sabéis que los que son reconocidos como jefes de los pueblos los tiranizan, y que los grandes los oprimen. No será así entre vosotros: el que quiera ser grande entre vosotros, que sea vuestro servidor".

Mc 10,42-43

Diversidad de ministerios al servicio del ser humano y la verdad

La Iglesia católica tiene una estructura jerárquica, pero esto no se puede entender como desigualdad entre sus miembros, pues unos no se sienten superiores a otros. Dentro de la Iglesia se reconoce una autoridad que está orientada al servicio y a la defensa de la dignidad de la persona. Jesús manifiesta que el poder y la autoridad no se pueden concebir como autoritarios, sino como un servicio a la comunidad, a la vez que una defensa de los más débiles y excluidos de la sociedad. Toda forma de gobierno dentro de la Iglesia hay que entenderla en clave de entrega generosa, anuncio de la verdad y defensa de la justicia.

Dentro de la comunidad cristiana hay diversos ministerios o carismas, concedidos por el Espíritu Santo a cada uno de sus miembros para que cumplan con la misión que la Iglesia tiene encomendada de hacer presente el reino de Dios en el mundo.

El magisterio de la Iglesia. Fuente de verdad salvadora

Toda la revelación de Dios a la humanidad, que alcanzó su plenitud en la persona de Jesús de Nazaret, el Hijo de Dios, está contenida en la Sagrada Escritura y en la tradición. Esta ha sido confiada a la Iglesia para que la conserve, la transmita y la anuncie a la humanidad como una verdad que salva. Todos los cristianos deben ser testimonio con sus vidas de la verdad del evangelio como buena noticia para el mundo. Los sucesores de los apóstoles, los obispos, son los que han recibido la autoridad de Jesucristo para interpretar y enseñar en su nombre la Palabra de Dios de forma oral o escrita.

Estructura de la Iglesia

- **Laicos.** Es el grupo más numeroso e incluye a todos los fieles cristianos que viven su vida profesional y familiar intentando mejorar nuestro mundo.
- **Jerarquía de la Iglesia.** A ella pertenecen los obispos, entre los cuales el papa tiene un lugar preeminente; también los sacerdotes o presbíteros, que, presididos por el obispo, trabajan al servicio de la comunidad; y los diáconos, que ayudan a los sacerdotes en sus tareas.
- **Los religiosos y religiosas.** Viven en comunidad. Hacen votos de pobreza, castidad y obediencia y tienen como ideal el seguimiento más radical de Cristo, que vivió pobre, sin casarse y obediente a la voluntad de Dios.

APLICAMOS

1 Lee y responde.

Sin embargo, aunque es cierto que los miembros son muchos, el cuerpo es uno solo. El ojo no puede decir a la mano: "No te necesito"; y la cabeza no puede decir a los pies: "No os necesito". Sino todo lo contrario, los miembros que parecen más débiles son necesarios. Y los miembros del cuerpo que nos parecen más despreciables los rodeamos de mayor respeto. Pues bien, Dios organizó el cuerpo dando mayor honor a lo que carece de él, para que así no haya división en el cuerpo, sino que más bien todos los miembros se preocupen por igual unos de otros. Y si un miembro sufre, todos sufren con él; si un miembro es honrado, todos se alegran con él. Pues bien, vosotros sois el cuerpo de Cristo, y cada uno es un miembro. Pues en la Iglesia Dios puso en primer lugar a los apóstoles; en segundo lugar, a los profetas; en el tercero, a los maestros; después, los milagros; después, el carisma de curaciones, la beneficencia, el gobierno, la diversidad de lenguas.

1 Cor 12,20

- ¿Qué ministerios o carismas aparecen reflejados en este texto que san Pablo dirige a los corintios?
- ¿Qué comparación hace del cuerpo humano con la Iglesia?

2 Encuentra en esta sopa de letras 10 palabras que hagan referencia a las diferentes maneras de ser en la comunidad cristiana, o que estén relacionadas con ellas.

Z	S	F	A	S	O	F	S	E	I	S	T	S	O
A	E	S	L	A	S	I	H	F	H	O	S	P	T
S	A	A	J	S	T	V	Z	A	E	E	U	O	L
A	I	C	N	E	I	D	E	B	O	A	S	B	I
S	R	E	U	Z	J	A	S	T	L	D	I	R	S
O	T	R	R	S	Z	U	A	I	D	I	S	E	A
I	S	D	A	E	F	J	S	A	P	A	P	Z	O
G	A	O	R	A	L	I	D	A	O	C	U	A	T
I	S	T	O	R	A	I	L	M	A	O	T	U	A
L	I	E	M	O	T	S	G	A	C	N	U	E	H
E	L	I	A	S	A	L	A	I	C	O	T	Z	R
R	O	Z	A	O	B	I	S	P	O	R	A	E	A
A	S	C	I	T	O	S	C	U	N	S	T	A	S
Z	A	O	R	U	Z	A	O	T	A	I	O	Z	I

3 Amor en la verdad

NOS ACTIVAMOS

Reflexiona y contesta. Algunas personas piensan que los documentos de la Iglesia están muy alejados de las personas y de sus problemas concretos.

"Se producen cientos de millones de toneladas de residuos por año. La Tierra, nuestra casa, parece convertirse cada vez más en un inmenso depósito de porquería. La mayor parte del calentamiento global de las últimas décadas se debe a la gran concentración de gases de efecto invernadero (anhídrido carbónico, metano, y otros) emitidos a causa de la actividad humana".

- ¿Quién imaginas que habrá podido escribir este texto?
- ¿Crees que las orientaciones de la Iglesia son importantes para la sociedad actual?

Boina de contaminación en el cielo de Madrid

COMPRENDEMOS

Doctrina social de la Iglesia

La Iglesia ha mantenido siempre una visión liberadora del ser humano, a la vez que ha denunciado toda clase de sistemas políticos y estructuras sociales que han anulado o limitado la dignidad de las personas y su pleno desarrollo. Todos los valores que la Iglesia defiende sobre la verdad del ser humano, así como sobre el contexto histórico concreto que le rodea, se encuentran en los documentos de la **doctrina social de la Iglesia**. Los cristianos, a la luz del evangelio y de estos documentos, han trabajado para hacer presente en las estructuras sociales una visión positiva e integral del ser humano. Ser fiel a la humanidad exige ser fiel a la verdad. Esta idea es la única garantía de libertad y de posibilidad de un desarrollo humano integral, como ha sido afirmado reiteradamente por la Iglesia, y sobre ella gira toda su doctrina social.

El trabajo por el bien común, desde el amor auténtico y desde el compromiso sincero, posibilita tanto la construcción de una buena sociedad como el desarrollo de todas las dimensiones de la persona. Los temas fundamentales sobre los que trata la doctrina social de la Iglesia son los siguientes: la dignidad de la persona, la defensa de la vida humana, el bien común, la lucha por la justicia, el destino universal de los bienes, el trabajo, la propiedad privada, los derechos humanos, la participación en la vida social, la solidaridad, la subsidiariedad y la opción preferencial por los pobres. Todos ellos aparecen tratados en las **encíclicas**, contextualizados es su momento histórico y aportando una visión del ser humano y del mundo acorde con los valores evangélicos.

- **León XIII.** *Rerum novarum*, publicada en 1981. Trata fundamentalmente la cuestión obrera, haciéndose eco de la situación inhumana que muchos trabajadores vivían durante la Revolución Industrial. Fue muy innovadora al proponer unos derechos y obligaciones de los patronos y obreros, que más tarde serían reconocidos en las leyes. Criticó los salarios de hambre que tenían los trabajadores y reconoció el derecho de todo ser humano a acceder a la propiedad privada. Defiende el derecho de asociación de los trabajadores.
- **Pío XI.** *Cuadragesimo anno*, publicada en 1931 con motivo de los cuarenta años de la publicación de la *Rerum novarum*. Reclama la reconstrucción del orden social desde una distribución equitativa de los bienes según el interés común y la justicia social. Protege el derecho a la propiedad privada, pero sin olvidar la función social que debe desempeñar. Exige el salario justo y expone la necesidad de la caridad y la solidaridad en la vida socioeconómica.
- **Juan XXIII.** *Pacem in terris*, publicada en 1963. El tema principal es la paz. Con el fin de desterrar el uso de la violencia, la encíclica propone para toda la comunidad internacional una paz basada en las relaciones de justicia y en la búsqueda del diálogo como solución de los conflictos.

VOCABULARIO

doctrina social de la Iglesia: conjunto de principios orientados a la relación entre la Iglesia y la sociedad civil. Esos principios no pretenden organizar un sistema sociopolítico especial, sino ofrecer grandes puntos para ayudar a las personas a vivir de una manera más humana y fraterna a la luz del evangelio de Cristo.

encíclica: proviene del latín *encyclicae*, que literalmente significa 'cartas circulares'. Son cartas solemnes sobre asuntos de la Iglesia o de la doctrina católica dirigidas por el papa a los obispos y fieles católicos de todo el mundo y en las que expresa su enseñanza en materias que considera de una gran importancia.

– **Pablo VI.** *Populorum progressio*, publicada en 1967. Trata sobre el desarrollo de los pueblos, que no es solo crecimiento económico, sino también social y cultural. Propone la solidaridad internacional para lograr el avance de los países subdesarrollados. Defiende el derecho de las naciones pobres a un desarrollo humano pleno y desaprueba las estructuras económicas que promueven la injusticia, la desigualdad y el enriquecimiento a costa de otros.

– **Juan Pablo II.** *Centesimus annus*. Publicada en 1991 en conmemoración de los cien años de la *Rerum novarum*. El contexto internacional de esta encíclica está enmarcado en la caída del muro de Berlín. Promueve que toda la sociedad trabaje por un orden social justo, fraterno, solidario y pacífico. Critica todo individualismo, al prescindir de la solidaridad, a la vez que denuncia el predominio del capital sobre la persona, así como el consumismo descontrolado, que pone en riesgo a la persona y la estabilidad social. Afirma que la economía de mercado debe basarse en el comercio justo, teniendo en cuenta los derechos de las personas y las naciones, y el respeto a la creación.

– **Benedicto XVI.** *Caritas in veritate*, publicada en 2009. Trata sobre el desarrollo humano integral en la caridad y en la verdad. El papa recuerda que la caridad es la vía maestra de la doctrina social de la Iglesia. Incide en la importancia de una economía que ponga a la persona en el centro y no busque solo el beneficio. Critica una visión de la existencia que antepone la productividad y la utilidad a todo lo demás, olvidando la gratuidad y la consecución del bien común. Afronta el fenómeno de las migraciones y afirma que todo emigrante es un ser humano que posee derechos que deben ser respetados.

– **Francisco.** *Laudato Si´*, publicada en 2015. Se aborda el tema de la ecología integral. Subraya que se está produciendo un deterioro en la calidad de vida y que aumenta la desigualdad de condiciones para la vida y el desarrollo en el planeta, lo que afecta a las personas y a países enteros. Denuncia la debilidad de las reacciones en la política internacional y en los poderes económicos.

Papas de los siglos XX y XXI

- **León XIII:** 1878-1903
- **Pío X:** 1903-1914
- **Benedicto XVI:** 1914-1922
- **Pío XI:** 1922-1939
- **Pío XII:** 1939-1958
- **Juan XXIII:**1958-1963
- **Pablo VI:** 1963-1978
- **Juan Pablo I:** 1978
- **Juan Pablo II:** 1978-2005
- **Benedicto XVI:** 2005-2013
- **Francisco:** 2013-

APLICAMOS

1 **Identifica y completa.** Nombra algunas encíclicas y resalta qué mensaje transmite cada una sobre la sociedad y la forma de entender al ser humano.

Encíclica	Forma de entender al ser humano

APLICAMOS *más*

1 Poder y autoridad

El papa Juan Pablo II fue un actor imprescindible para conseguir derribar el muro de Berlín, que había tenido divida a la población de esa ciudad desde la Segunda Guerra Mundial.

El contagio de la libertad

Mijaíl Gorbachov no tuvo reparo en reconocer públicamente que la intervención de Juan Pablo II fue decisiva en los acontecimientos que culminaron, en noviembre de 1989, con el derribo del muro de Berlín y con todo el sistema comunista en Europa. Nadie discute hoy que sin los viajes del papa a Polonia no se podría haber puesto en marcha el llamado "efecto dominó", que, partiendo del ejemplo polaco, contagió a las demás naciones marxistas del entorno, incluida la Unión Soviética, y terminó con la dictadura. En el primer viaje del papa a Polonia, este animó a sus compatriotas a plantarle cara al tirano. Era una experiencia tan espectacular para la Polonia marxista como para Occidente, que contemplaba asombrado cómo los obreros iban a misa y confesaban en público mientras hacían huelga para defender sus derechos. Más aún, desde aquí se veía con ojos escépticos el hecho de que la Iglesia no era allí, en el "socialismo real", el "opio del pueblo", sino un motor de cambio, de revolución, de lucha por la justicia sin olvidar en ningún momento la paz ni el mensaje de la no violencia activa. Aquel fue el principio del fin del marxismo. Desde Polonia, dos destacadas personalidades, una política y la otra religiosa, estaban destinadas a ser protagonistas de la historia. El papa Juan Pablo II contribuyó decisivamente a la caída del muro, al respaldar en todo momento a Lech Walesa en sus aspiraciones de hacer desaparecer el comunismo de la tierra natal de ambos y en las de derribar la muralla que dividía Berlín.

Servicio Católico

1 Lee, analiza y contesta.

- ¿Conocías la importancia que tuvo el papa Juan Pablo II en la caída del muro de Berlín?
- ¿Por qué consideras que fue tan importante su actuación?
- A la vista de este acontecimiento, ¿por qué podemos decir que la religión no es el "opio del pueblo"?
- ¿Por qué es importante para la humanidad eliminar todo tipo de totalitarismos?

2 Una verdad compartida

La misión de los laicos es la transformación de la sociedad, pero, como demuestran los gestos del papa Francisco, cada vez es más necesaria, y se vive con naturalidad, la implicación de los laicos en algunas instituciones de la Iglesia.

Los motivos del nombramiento de Paolo Ruffini, primer laico encargado de un dicasterio

Un currículum profesional de indiscutible valor al que se suman una gran humanidad y la capacidad de escuchar y dar valor a todos.

Paolo Ruffini, casado, periodista y director de radio y de redes televisivas (Rai3 y Tv2000), por voluntad del papa Francisco se ha convertido en el primer laico encargado de un dicasterio de la curia romana. El Dicasterio para la Comunicación, del cual Ruffini fue nombrado prefecto, es un organismo nuevo que incorpora y coordina todos los medios editoriales, de información, comunicación y multimedia de la Santa Sede, además del que hace tiempo era el Pontificio Consejo para las Comunicaciones Sociales.

Con el nombramiento de Ruffini en uno de los organismos vaticanos más significativos (en cuanto al número de personas que en él trabajan) se da un paso completamente nuevo en la historia de la Santa Sede. Por primera vez, pues, un hombre casado, ni obispo ni sacerdote, asume un puesto equiparable al de los

cardenales y arzobispos encargados de los dicasterios, es decir, los "ministros" del papa y sus colaboradores en la curia. El currículum de Ruffini habla solo: periodista, experto en televisión, fue el director del canal Rai3 durante los años en los que el tercer canal de la red pública de televisión italiana produjo algunos de sus mejores programas. Son famosas sus capacidades y competencias en ámbito comunicativo. La característica más oculta, porque la conocen solamente los que han tenido la posibilidad de trabajar con Ruffini, es su capacidad de escuchar y dar valor a todos, incluyendo sin excluir nunca. Un rasgo humano inconfundible de una persona abierta.

IG **1 Lee y responde.**

- ¿Por qué es importante el nombramiento de Paolo Ruffini como encargado de comunicación de la Santa Sede?
- ¿Qué características de la persona de Ruffini han llevado al papa Francisco a encomendarle esta misión?
- ¿Consideras que es importante el papel de los laicos dentro de la Iglesia?

3 Amor en la verdad

La Iglesia tiene una preocupación constante por las minorías y por aquellos grupos humanos que son marginados y excluidos.

Humanizar la política

Monseñor Pedro Olmedo, obispo claretiano de la prelatura de Humahuaca, conoce el valor y la contundencia de las palabras que expresa. Es un hombre querido y respetado, pero también temido, porque no calla. El padre Pedro, como pide que lo llamen, lleva 42 años en esta zona de la Argentina. Un territorio árido con algo de Quebrada y mucho de Puna, un lugar de vientos fuertes que se extiende a más de 3000 metros sobre el nivel del mar. En algún momento, junto a otros sacerdotes de la región, Olmedo fue "la voz de los sin voz", pero hoy ya no lo siente así, porque las comunidades ya están organizadas y dejaron atrás la cultura del silencio.

Cuando a usted lo critican por participar en marchas y en protestas, ¿qué siente?

¡Me siento feliz! Nosotros tenemos que estar cerca de la gente, les gusta que estemos al lado. No sé si hay que estar al frente, al medio, atrás. Pero hay que estar en todo lo que sea reclamo justo, sin violencia, pero sí con mucha firmeza. Hace un tiempo íbamos delante. Ahora la cultura del silencio ya pasó en nuestra zona.

¿Cómo ve el desarrollo de la política en las comunidades de esta zona del país?

Hace 40 años, en la Prelatura, la Obra Claretiana para el Desarrollo (Oclade) fue la que más motivó a las comunidades. Cuesta mucho que las comunidades pequeñas se consoliden. La gente ha crecido mucho, no es la misma situación que entonces. La evangelización la vemos como algo integral: hemos acompañado los procesos de desarrollo humano y esto cambió terriblemente para bien. Veo que es más fácil el proceso de cambio en las pequeñas comunidades que en los de arriba. Si la política no cambia e incorpora en una participación real a la gente, los partidos políticos tradicionales y arraigados en nuestra zona van a tener problemas.

¿Las comunidades aborígenes han aprendido a organizarse?

Todas las comunidades. En las comunidades cristianas hay mucha organización. La mujer ha crecido enormemente en participación y en compromiso con pequeños proyectos; hace 40 años, la mujer no tenía voz ni participaba. Y ahora tiene una participación muy grande, no se callan y reclaman. Todavía me da la sensación de que las autoridades y los responsables elegidos por el pueblo no captan eso.

www.lanacion.com.ar/

1 Analiza y responde.

- ¿Consideras que los obispos deben hablar y no callarse ante las injusticias y la exclusión que sufren las minorías?
- ¿Por qué crees que critican al padre Pedro cuando participa en protestas en defensa de la dignidad del ser humano?
- ¿Qué piensas que significa la expresión "cultura del silencio"?
- ¿Qué aspectos de la doctrina social de la Iglesia se ponen de manifiesto en sus acciones?

Resumimos

es.smSiloe.com
RESUMO
Ruleta de palabras

1 Poder y autoridad

- La autoridad no se puede confundir con poder. Está relacionada con ejemplaridad, verdad y coherencia.
- Los totalitarismos son formas de gobierno en las que el poder se impone, limitando la libertad de las personas.
- La democracia es la forma de gobierno en la que se garantiza la participación, la igualdad y la libertad de los ciudadanos.
- La justicia social debe estar sostenida en los principios de subsidiariedad y solidaridad.

es.smSiloe.com
ME AUTOEVALÚO
¿Qué he aprendido?

El derecho de mandar que se funda exclusiva o principalmente en la amenaza o el temor de las penas o en la promesa de premios, no tiene eficacia alguna para mover al hombre a laborar por el bien común, y, aun cuando tal vez tuviera esa eficacia, no se ajustaría en absoluto a la dignidad del hombre, que es un ser racional y libre. La autoridad no es, en su contenido sustancial, una fuerza física; por ello tienen que apelar los gobernantes a la conciencia del ciudadano, esto es, al deber que sobre cada uno pesa de prestar su pronta colaboración al bien común.

Pacem in terris 48.
PAPA JUAN XXIII

2 Una verdad compartida

- Las primeras comunidades cristianas vivían en su interior los ideales de libertad, igualdad y fraternidad siguiendo el ejemplo de Jesús.
- La Iglesia está orientada al servicio y al trabajo por la defensa de la dignidad de las personas. Posee una diversidad de ministerios para una mejor organización y servicio a las personas.
- La Iglesia transmite con sus palabras y obras el mensaje de Jesús de Nazaret y ha ido elaborando un magisterio para enseñar la verdad de Jesucristo y su acción salvadora para toda la humanidad.

Los ministerios deben ejercerse en un espíritu de servicio fraternal y de entrega a la Iglesia en nombre del Señor (*cf.* Rm 12, 8.11). Al mismo tiempo, la conciencia de cada cual en su juicio moral sobre sus actos personales debe evitar encerrarse en una consideración individual. Con mayor empeño debe abrirse a la consideración del bien de todos según se expresa en la ley moral, natural y revelada, y consiguientemente en la ley de la Iglesia y en la enseñanza autorizada del Magisterio.

Iglesia. CIC 2019

3 Amor en la verdad

- La Iglesia siempre ha mantenido una visión liberadora del ser humano y ha denunciado toda clase de estructuras sociales injustas que han limitado el pleno desarrollo de la persona.
- La doctrina social de la Iglesia ha sido fuente de inspiración para el trabajo por la solidaridad, la justicia y la paz en el mundo.
- Desde el papa León XII y su encíclica *Rerum novarum*, la doctrina social de la Iglesia ha mantenido un lenguaje claro en la defensa de la verdad del ser humano como imagen de Dios.

La doctrina social de la Iglesia es la cuidadosa formulación del resultado de una atenta reflexión sobre las complejas realidades de la vida del hombre en la sociedad y en el contexto internacional, a la luz de la fe y de la tradición eclesial. Su objetivo principal es interpretar esas realidades, examinando su conformidad o diferencia con lo que el evangelio enseña acerca del hombre y su vocación terrena y, a la vez, trascendente, para orientar en consecuencia la conducta cristiana.

Solicitudo Rei Socialis 41-45.
Papa san JUAN PABLO II

EN LA CULTURA

Monumento a la memoria y la verdad

Los pueblos deben recordar su historia para conocer su verdad y no volver a repetir acontecimientos que han supuesto enfrentamiento social. Es una manera de reconciliarse y poder avanzar en el desarrollo y la justicia.

La misión de la verdad

De hecho, un pueblo que deja de saber cuál es su propia verdad acaba perdiéndose en el laberinto del tiempo y de la historia, sin valores bien definidos, sin grandes objetivos claramente enunciados. Queda por hacer un gran esfuerzo para aprender la forma en que la Iglesia se sitúa en el mundo, ayudando a la sociedad a entender que el anuncio de la verdad es un servicio que ella le ofrece, abriendo horizontes nuevos de futuro, grandeza y dignidad.

Papa Francisco

- ¿Por qué crees que es importante que un pueblo no olvide su historia?
- ¿Qué momentos de tu historia personal te pueden ayudar a vivir de una manera más feliz?
- ¿Cómo ha configurado tu pasado la persona que eres en la actualidad?

Monumento a la verdad y la historia. Ciudad de San Salvador

El monumento a la verdad y la historia está ubicado en el parque Cuscatlán, en la ciudad de San Salvador. Este muro de granito negro de 85 metros de largo contiene, a modo de homenaje, los nombres de al menos 25 626 víctimas asesinadas o desaparecidas. Inaugurado en 2003, es el resultado de las recomendaciones planteadas por la Comisión de la Verdad para El Salvador (1993) como parte de las reparaciones morales a las víctimas. El texto grabado en la piedra del monumento lo reivindica como "un espacio para la esperanza, para seguir soñando y construir una sociedad más justa, humana y equitativa". La violencia llevaba décadas azotando a este pequeño país centroamericano. A finales de la década de los setenta, movimientos insurgentes controlaban varias zonas de El Salvador. Ante la movilización ciudadana, la dictadura respondió con represión. Una de las voces que se alzaron con fuerza fue la de monseñor Óscar Arnulfo Romero, denunciando la injusticia, la desigualdad y la pobreza en que vivía la mayoría de la población. Romero fue asesinado por un francotirador el 24 de marzo de 1980.

[APLICAMOS]

G **Ve, juzga y muestra. Toda la clase desarrollará un proyecto. Al igual que hay muros que separan y dividen, también hay otros, como el dedicado a la verdad y la historia de San Salvador, que ayudan a crear lazos de unión entre la población.**

El ejercicio consiste en construir un muro de papel continuo en la clase. Se situará sobre la pared y en él colocaréis textos, fotografías, recortes de periódicos, dibujos, etc., que expresen injusticias o desigualdades que se cometen en el mundo o en el colegio. De esta manera nos haremos conscientes de nuestra historia personal y será una manera práctica de conocer lo que no se debe repetir si queremos que el mundo sea más humano y tolerante.

EN LA BIBLIA

El amor al prójimo

¿Cuál es la correcta interpretación del precepto sobre el amor a Dios y al prójimo? Este texto nos presenta a Jesús como maestro de la Ley discutiendo con otro maestro sobre cómo entender ese mandato.

1 Maestro de la Ley

En el mundo judío de la época de Jesús, la Ley (la Torá), formada por los cinco primeros libros de la Escritura, era un pilar fundamental junto con el Templo.

Los judíos no entendían la Ley como un conjunto de normas que hay que cumplir, como lo hacemos nosotros, sino como la forma de expresar su fe, su confianza en Dios. Al cumplir la Ley, los judíos expresaban su pertenencia al pueblo elegido por Dios desde Abrahán. Por eso, la Ley no es un conjunto de normas: es una forma de vida que los distingue entre otros pueblos.

Además, interpretar correctamente la Ley es muy importante para ser un verdadero judío. Por eso los maestros discutían sobre su interpretación delante de sus discípulos.

¿Quién es el que sufre?

La parábola del buen samaritano no especifica la identidad religiosa o étnica del moribundo, si era judío o pagano, ni su condición social o económica, si era pobre o rico.

LC 10,25-37

El buen samaritano

1 *Se levantó entonces un maestro de la Ley y le dijo para tenderle una trampa:*
—Maestro, ¿qué debo hacer para alcanzar la vida eterna?
Jesús le contestó:
—¿Qué está escrito en la Ley? ¿Qué lees en ella?
El maestro de la Ley respondió:
—Amarás al Señor tu Dios con todo tu corazón, con toda tu alma, con todas tus fuerzas y con toda tu mente; y a tu prójimo como a ti mismo.
Jesús le dijo:
—Has respondido correctamente.
Haz eso y vivirás.
Pero él, queriendo justificarse, preguntó a Jesús:
—¿Y quién es mi prójimo?
Jesús le respondió:
2 *—Un hombre bajaba de Jerusalén a Jericó y cayó en manos de unos salteadores que, después de desnudarlo y golpearlo sin piedad, se alejaron dejándolo medio muerto.*
3 *Un sacerdote bajaba casualmente por aquel camino y, al verlo, se desvió y pasó de largo.*
4 *Igualmente un levita que pasó por aquel lugar, al verlo, se desvió y pasó de largo.*
5 *Pero un samaritano que iba de viaje, al llegar junto a él y verlo, sintió lástima. Se acercó y le vendó las heridas después de habérselas curado con aceite y vino; luego lo montó en su cabalgadura, lo llevó al mesón y cuidó de él. Al día siguiente, sacando dos denarios, se los dio al mesonero, diciendo: "Cuida de él, y lo que gastes de más te lo pagaré a mi vuelta". ¿Quién de los tres te parece que fue prójimo del que cayó en manos de los salteadores? El otro contestó:*
—El que tuvo compasión de él.
Jesús le dijo:
—Vete y haz tú lo mismo.

2 De Jerusalén a Jericó

Jericó es una ciudad situada en el valle del Jordán. Para llegar hasta ella hay que descender hacia el Mar Muerto (que está por debajo del nivel del mar).
Para llegar a Jericó desde Jerusalén hay que atravesar el desierto montañoso. Era una ruta peligrosa y especialmente buena para los salteadores de caminos.

3 Los sacerdotes

De los levitas, una familia fue elegida para las funciones del Templo: la de Aarón, hermano de Moisés. Él y su parentela fueron llamados sacerdotes, a ellos les correspondía ofrecer los sacrificios. El resto de los levitas estaban al servicio de la familia sacerdotal.

Una **parábola** es una historia sencilla, una narración breve, que contiene una enseñanza moral o un mensaje interesante, aunque aparentemente no lo parezca.

4 Los levitas

Los levitas son los judíos pertenecientes a la tribu de Leví, una de las doce tribus de Israel. Era la tribu dedicada al servicio de Dios, sus miembros ejercían funciones religiosas y, como no poseían tierras, las demás tribus debían mantenerlos. Estaban asociados al Templo y tenían una especial dedicación hacia la Ley, ayudaban a la gente a adorar a Dios y a cumplir con sus obligaciones para con él.

5 El samaritano

Los samaritanos tenían un credo de cuatro aspectos: 1) un Dios; 2) un profeta: Moisés; 3) un libro: la Torá; y 4) un solo lugar de culto: el monte Garizim. Los judíos estaban de acuerdo con los samaritanos en lo que se refiere a un Dios, pero discrepaban sobre el resto.

[APLICAMOS]

Lee detenidamente el pasaje bíblico y observa lo que hace cada personaje.

- El sacerdote y el levita caminan, ven y pasan de largo. ¿Qué partes de su persona están usando? ¿Qué significa pasar de largo?
- El samaritano, el que no sabe de Dios, se desvió y sintió compasión. ¿Qué parte de su cuerpo puso en juego?
- ¿Cuál es la enseñanza de Jesús al contar esta historia? ¿Qué tiene que cambiar en nosotros para que podamos ver la realidad como Dios la ve?

8 Construir la civilización del amor

YouTube

¿Cómo podemos contribuir a cambiar esta sociedad y a construir un mundo mejor?

es.smSiloe.com

ME PREGUNTO

¿Cuánto sé?

¿Cambiar el mundo?

¿Cómo se puede construir la civilización del amor?

- ☐ Con la consideración de la vida humana por encima de cualquier otro valor.
- ☐ Poniendo a la persona como meta última de toda acción.
- ☐ Con la valoración ética ante cualquier conocimiento científico o técnico.
- ☐ Mediante el trabajo, que dignifica a todo ser humano y que es más importante que el mercado y el capital.
- ☐ Con el amor auténtico como posibilidad de encuentro y cuidado a las personas.

Nuestras sociedades están empeñadas en orientarse hacia la conquista de un futuro que se entiende, fundamentalmente, como progreso tecnológico. Reivindicar la civilización del amor es afirmar que el mundo está necesitado, sobre todo, de fraternidad.

PARA EMPEZAR...

Realidad virtual y empatía

Cada día es más frecuente que las noticias de atentados y guerras se reciban con frialdad y se asimilen como algo ajeno que suscita escasa empatía. Además, el gran número de videojuegos de tipo *shooter*, inspirados en guerras o catástrofes, está deshumanizando a la juventud también en la vida real, pues la acostumbra a jugar en entornos bélicos, a conseguir puntos pegando virtualmente a otros jugadores o a ganar la experiencia de juego por matar a un mayor número de avatares virtuales. Esta falta de empatía en el juego se está viendo poco a poco reflejada en una sociedad fría y poco empática con entornos distintos al nuestro. El proyecto Cenizas pretende explotar, a través de la realidad virtual, la empatía hacia la parte civil que vive las consecuencias de una guerra en un videojuego. A través de las vivencias de un niño te hace sentir cómo un entorno de guerra y muerte tiene consecuencias directas en la sociedad que lo sufre.

Dialogamos

Respondemos a las preguntas en grupos de 4 personas

1. ¿Para qué utilizas tú principalmente la tecnología?
2. ¿Cómo puede el desarrollo tecnológico ayudar a construir un mundo más justo y solidario?
3. Si fueras programador, ¿qué aplicación crearías para ayudar a resolver los problemas comunes de las personas de tu edad?

APRENDERÁS...

- A analizar la sociedad en la que vivimos.
- A distinguir las características y las limitaciones del paradigma tecnocrático.
- A valorar la importancia del otro; a descubrirlo como prójimo.
- Cómo se puede construir la civilización del amor en un mundo que se deshumaniza.
- El posicionamiento del cristiano en defensa de los pobres y marginados.
- Modelos concretos de iniciativas eclesiales para la construcción de un mundo mejor.

1 Tecnología y desarrollo humano

NOS ACTIVAMOS

Lee y responde. El uso de la tecnología ha favorecido el desarrollo de la sociedad. Steve Jobs, uno de los mayores impulsores de la tecnología, la vincula a las artes.

¿Cómo ve Steve Jobs el futuro de la computación y de su compañía?

"Lo he dicho antes, pero creo que vale la pena repetirlo: está en el ADN de Apple creer que la tecnología por sí sola no basta. Que la tecnología está casada con las artes liberales, está casada con las humanidades, y su fruto hace cantar nuestros corazones".

El País

- ¿Por qué consideras que la tecnología por sí sola no es suficiente para el desarrollo humano?
- ¿Qué relación puedes establecer entre la tecnología y las humanidades?

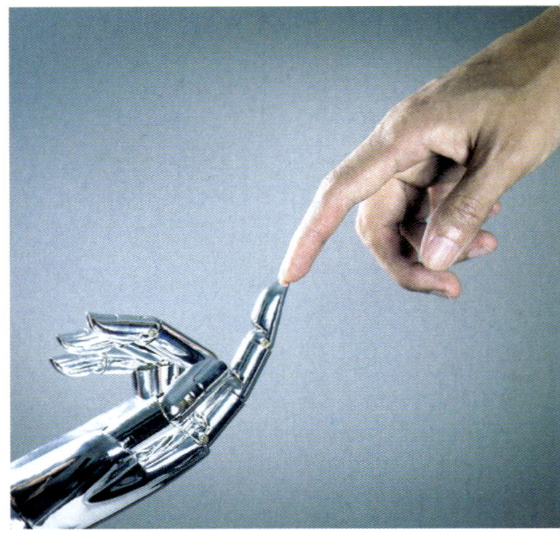

COMPRENDEMOS

El paradigma tecnocrático

En nuestro tiempo, como consecuencia de los descubrimientos científicos y de los avances técnicos, la humanidad se siente protagonista de una nueva era en la que se ha desarrollado un gran poderío tecnológico, que resolverá, progresivamente, las grandes cuestiones que condicionan la vida de las personas y el funcionamiento de la sociedad. Este modo de asumir la tecnología y su desarrollo recibe el nombre de **paradigma** tecnocrático. El paradigma tecnocrático está presente en los comportamientos personales, la cultura, la economía y la organización social, hasta el punto de resultar muy difícil salirse de él.

VOCABULARIO

paradigma: significa *ejemplo* o modelo. Es un concepto muy relacionado con el de cosmovisión o manera de ver e interpretar el mundo. Se usa para unir todas aquellas experiencias, creencias, vivencias y valores que influyen en el modo en que las personas ven e interpretan la realidad, y en función del cual actúan.

Características del paradigma tecnocrático

El paradigma tecnocrático actúa bajo los principios de eficacia, efectividad y productividad. Esto provoca que toda actividad se oriente en torno a ellos y genera una concepción de la naturaleza, el ser humano, la sociedad y la economía basada en:

- **Crecimiento ilimitado.** El paradigma tecnocrático ha trasladado a la sociedad la creencia de que el crecimiento es infinito e ilimitado. Ha generado la idea de que podemos disponer de todos los recursos del planeta y de que los daños que se producen en la naturaleza pueden resolverse fácilmente.
- **Decisiones globales.** Vivimos en un mundo globalizado, donde lo que ocurre en cualquier parte del planeta afecta de forma directa o indirecta al resto de la población mundial. Las decisiones que toman los dirigentes en sus respectivos países no solo repercuten sobre sus ciudadanos, sino que también pueden producir una serie de reacciones a escala mundial con efectos que no siempre son suficientemente valorados y analizados.
- **Consumo permanente.** Se orienta a la sociedad para que el individuo se convierta en un permanente consumidor. Así se crea un modelo económico que imposibilita el espíritu crítico y fomenta la superficialidad.
- **Dominación tecnológica y cultural.** Se da prioridad al desarrollo tecnológico y a la ingeniería para poder seguir manteniendo el poder y el control sobre la mayor parte posible del territorio mundial. Se hace una apuesta mucho mayor por el progreso reservado a unos pocos que por el deseo sincero de un desarrollo global y ordenado de toda la humanidad. Los intereses de una minoría poderosa, el mundo más desarrollado, priman sobre el bien común y la solidaridad, manteniendo situaciones de extrema pobreza que

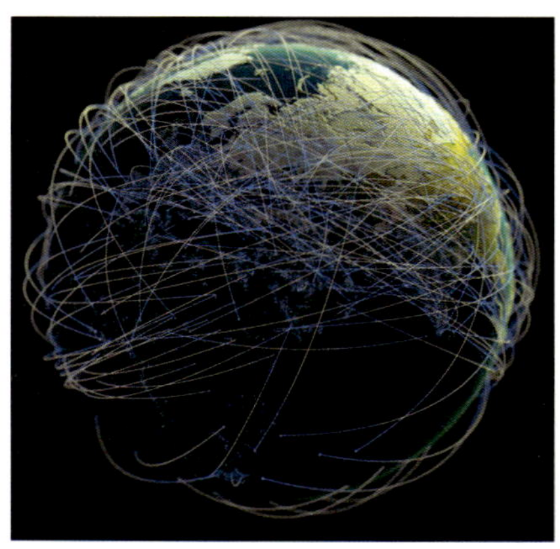

generan deshumanización. La brecha entre los países industrializados y ricos con respecto a los que están en vías de desarrollo es cada vez mayor.

Hacia una superación del paradigma tecnocrático

Hay que reconocer la gran importancia que tienen para la sociedad y para el bienestar del ser humano los avances científicos y el desarrollo tecnológico. No se puede concluir sin más que la ciencia o la técnica sean negativas para la humanidad. Donde hay que poner la mirada es en la valoración y en la oportunidad de aplicar ciertos avances tecnológicos en la sociedad, teniendo en cuenta si con ello se ayuda a salvaguardar la dignidad de la persona o más bien se la está utilizando como medio en la búsqueda de otros fines que no se pueden considerar éticos.

El papa Juan Pablo II, en su encíclica *Fides et ratio* ("Fe y razón"), afirmaba que la mentalidad cientificista había conseguido que muchos aceptaran la idea según la cual lo que es técnicamente realizable es también moralmente admisible. Son riesgos que siguen presentes en la sociedad actual: no saber diferenciar con claridad dónde poner los límites de lo técnicamente posible y no tener conciencia de que todo avance científico no conlleva implícitamente un mayor desarrollo social.

También el papa Francisco, en su encíclica *Laudato Si'*, ha reflexionado con profundidad sobre el nuevo paradigma tecnocrático y sus consecuencias para la humanidad y la naturaleza. Insiste en la necesidad de una nueva mirada, una nueva forma de educar y una nueva política, que impliquen un estilo de vida distinto que pueda frenar el avance, muchas veces negativo y deshumanizador, del paradigma tecnocrático.

Una resistencia necesaria

"Una mirada distinta, un pensamiento, una política, un programa educativo, un estilo de vida y una espiritualidad que conformen una resistencia ante el avance del paradigma tecnocrático".

LS 111

APLICAMOS

1 Lee y responde.

Partimos del principio de que la tierra es nuestra madre: "Nuestra tierra, nuestra madre". La tierra es el alimento, es el lugar donde vivimos, es la fuente de la salud. La protección del territorio es la lucha por la supervivencia; nuestra protección viene de la tierra, al igual que la salud y todo lo que está en las plantas y los árboles. Hoy existen varias tecnologías, hay estas grandes redes, pero es necesario pensar. No es solo utilizarlas, sino saber cómo las estamos utilizando. Estos instrumentos tecnológicos deben ayudar a revitalizar nuestro pensamiento, eso es parte de nuestra liberación. Es muy fuerte, porque nuestros pueblos luchan tanto, y nos quieren sacar de nuestra tierra para enviarnos a… ¿dónde? Tenemos que vivir en esta violencia, y nos preguntamos: ¿acaso no pertenecemos a esta tierra, no somos parte de este país? ¿Por qué a nosotros? ¿Por qué seguimos sufriendo tanto? Y respondemos: ¿que por qué estamos en esta lucha? Porque nosotros aún existimos.

Pueblo wapichana, Brasil

- ¿Qué significa para este pueblo indígena de Brasil la tierra en la que vive?
- ¿A qué riesgos se están enfrentando los wapichanas?
- ¿Qué opinan que es necesario hacer antes de recurrir a cualquier instrumento tecnológico?

2 Reflexiona y contesta.

- ¿Qué opina el papa Juan Pablo II sobre el cientifismo?
- ¿Qué aportaciones hace la encíclica *Laudato Si'* para la superación del paradigma tecnocrático?

2 La civilización del amor

NOS ACTIVAMOS

G I **Reflexiona y responde.** Cuando miramos al futuro, es interesante preguntarse cómo la tecnología transformará el destino humano.

> Las nuevas tecnologías, algunas más nuevas que otras, están reconfigurando nuestras ciudades, nuestra salud, las oficinas, las tiendas, las empresas y el mundo. Estamos en una coyuntura de definición del futuro de la sociedad toda; y de la red, con cada vez más objetos conectados, cada vez más diversos y cada vez en más lugares. La conectividad ya es esencial para garantizar el funcionamiento de nuestro mundo. La red y la tecnología wifi son tan fundamentales como lo fueron en su momento la electricidad y el agua. Cuando una gran transformación se realiza en la condición humana, trae siempre consigo un cambio gradual en las actitudes, en las conductas.
>
> ANDY STALMAN

- ¿Cómo crees que será el mundo dentro de cien años?
- ¿Cómo afecta toda esta influencia tecnológica a las relaciones humanas?
- ¿Crees que la nueva civilización tecnológica puede desarrollar a su vez una civilización del amor?

COMPRENDEMOS

La civilización del amor

Frente a los riesgos deshumanizadores del paradigma tecnocrático, es necesario, con cierta urgencia, el trabajo continuo por una nueva civilización del amor y del encuentro. La expresión *civilización del amor* fue usada por primera vez por el papa Pablo VI en 1970 y posteriormente ha ido apareciendo de forma constante en todos los documentos de la Iglesia como un proyecto que hay que ir actualizando permanentemente a las diferentes circunstancias históricas. Esta **civilización del amor** tiene que estar asentada en unos valores fundamentales, como la vida, la comunión, la participación, la libertad, la verdad, la justicia, la paz y el amor, ya que todos ellos resaltan la dignidad de todo ser humano y no se pueden, por tanto, establecer como medios para conseguir algo distinto al desarrollo de los pueblos y del ser humano en su totalidad. Así pues, una civilización del amor buscará establecer todas las condiciones necesarias para promover un desarrollo humano integral y el logro del bien común. Por ello, para construir la civilización del amor es necesario comprometerse a denunciar con palabras y gestos todas aquellas acciones que impliquen explotación, injusticia, violencia, egoísmo o corrupción, porque son las causas últimas de las desigualdades sociales y de la deshumanización de las personas.

La dimensión personal de la civilización del amor

Es importante, para que la sociedad no se deshumanice, reconocer al otro como alguien distinto de mí, al que se respeta, se protege y se cuida con acciones concretas que le ayuden a superar sus problemas y dificultades. En ocasiones, la sociedad actual, aísla al mundo de los pobres (**aporofobia**) y establece unas relaciones en las que esta parte de la humanidad parece que no existe o que está formada por una minoría de personas a las que no es urgente atender. Para los seguidores de Jesús, es necesario mirar a las personas desde la óptica del amor e identificarlas como prójimos.

El amor supone compasión y cuidado. No puede haber un amor auténtico si no va acompañado del perdón y de la compasión. El amor cristiano implica una compasión activa. No vale solo con un sentimiento de indignación ante las desigualdades y las injusticias que se producen continuamente en el mundo. En ocasiones este sentimiento de indignación puede provocar un desahogo inmediato ante el sufrimiento ajeno,

VOCABULARIO

civilización del amor: expresión acuñada por el papa Pablo VI y que describe el conjunto de estructuras morales, cívicas, económicas y políticas que permitan a cada ser humano lograr mejores condiciones de vida y de realización personal, así como una mayor felicidad, atendiendo siempre a una imagen de los seres humanos como criaturas creadas por Dios y por tanto iguales en cuanto a dignidad, justicia y libertad.

aporofobia: es un neologismo acuñado por la filósofa Adela Cortina. Define el miedo, rechazo o aversión a los pobres. Ella misma afirmaba lo siguiente: "A mí me parece que la verdadera fobia o el verdadero rechazo a los inmigrantes o extranjeros se da cuando son pobres, porque cuando el extranjero es rico y cuando la persona de otra etnia es rica, la recibimos con todo el entusiasmo".

pero ello no produce amor. La indignación es el primer paso para llegar después a la compasión y finalmente al compromiso. El cuidado de los demás será la manifestación objetiva de que se está produciendo un amor activo.

La dimensión política de la civilización del amor

El evangelio pone muchas veces de manifiesto que el amor es hacer y no solo hablar o sentir. Es amar al estilo de Jesús de Nazaret, que hace una opción radical por la vida de los más pobres, de aquellos que han sido desprovistos de su dignidad de personas, y por los que entrega gratuitamente su vida. Jesús es el gran defensor de los pobres, que son excluidos de la sociedad y obligados a vivir en la más absoluta marginación. Jesús quiere unir el amor a Dios con el amor al prójimo, para que el amor sea auténtico y no esté motivado por otro interés que no sea el firme propósito de trabajar y emplear las capacidades que toda persona posee en la construcción de una vida más justa y próspera para tantas personas y colectivos que están privados de ella.

La actuación política para construir la civilización del amor debe orientarse, por tanto, a la sostenibilidad de la vida humana, a la vez que fomentar cauces que permitan la realización plena de toda persona. La política debe ser entendida como un vehículo fundamental para edificar la ciudadanía y la actividad del ser humano, por ello debe actuar desde una concepción concreta de la persona, apoyada en unos valores fundamentales y entendiendo el poder como servicio.

- **Nueva concepción de la persona.** El ser humano no puede ser entendido como un medio para conseguir ningún objetivo, sino que es un fin en sí mismo. El ejercicio del poder político no debe proteger los intereses de los privilegiados, sino que ha de procurar el bien común y crear estructuras de participación y de corresponsabilidad en las que todos se sientan incluidos.
- **Valores para fomentar la igualdad.** Si la acción política orienta sus decisiones desde el respeto fundamental de la vida, la libertad y la dignidad de las personas, puede convertirse verdaderamente en una forma auténtica de amor y servicio a la sociedad.
- **Economía para el desarrollo integral.** La economía y las finanzas son instrumentos que deben estar al servicio del ser humano y de la sociedad; por ello, tienen que ser gestionadas desde la honradez y la responsabilidad. Las políticas económicas en una civilización del amor están orientadas a reducir la desigualdad y la pobreza, a la vez que fomentan el desarrollo integral de la persona desde la solidaridad, la igualdad de oportunidades y la justa distribución de la riqueza.

La caridad no es ideología

"La actividad caritativa cristiana ha de ser independiente de partidos e ideologías. No es un medio para transformar el mundo de manera ideológica y no está al servicio de estrategias mundanas, sino que es la actualización aquí y ahora del amor que el hombre necesita. El programa del cristiano –el programa del buen samaritano, el programa de Jesús– es un corazón que ve. Este corazón ve dónde se necesita el amor y actúa en consecuencia".

DCE, n.º 31 b

APLICAMOS

1 Define con tus palabras los siguientes términos.

- Deshumanización
- Aporofobia
- Prójimo
- Civilización del amor

2 Localiza en esta sopa de letras los ocho valores fundamentales que son necesarios para construir la civilización del amor.

A	T	S	D	O	Z	I	S	J	U	A	O	S	T	E	S	I
L	R	A	I	D	J	H	L	I	U	Ñ	T	I	O	R	I	Z
Z	I	L	M	I	O	U	K	O	R	S	M	S	Z	N	P	A
I	S	B	A	D	I	V	A	L	I	O	T	V	O	I	A	R
N	O	A	E	M	N	A	T	K	M	S	E	I	U	Z	R	R
A	P	R	I	R	Z	A	P	E	S	U	N	A	C	U	O	N
S	A	E	O	U	T	S	A	M	I	U	O	J	U	I	M	A
B	S	V	E	R	D	A	D	I	M	N	R	E	R	L	A	S
E	I	M	Ñ	T	A	S	D	O	I	O	F	A	E	I	L	O
N	O	I	C	A	P	I	C	I	T	R	A	P	I	D	A	Z

3 Impulsores de una nueva humanidad

NOS ACTIVAMOS

Reflexiona y contesta. El cristiano no puede permanecer inmóvil ante los atentados a la dignidad de las personas y los abusos impuestos por los poderosos. Tiene una misión de anunciar y hacer presente con sus acciones el reino de Dios en el mundo. Mantiene un trabajo constante para crear situaciones que reconozcan la grandeza de todo ser humano e impulsa acciones para que los más desfavorecidos puedan disfrutar de una vida digna.

- ¿Conoces en tu entorno alguna actividad de la Iglesia que ayude a los más necesitados?
- ¿Cómo piensas que tendría que ser la presencia en el mundo de los cristianos?

COMPRENDEMOS

La Iglesia no es una ONG

A pesar de la gran labor social y de fomento del desarrollo humano que realiza la Iglesia, no se la puede confundir con una **ONG**. Aquello que primeramente identifica a la Iglesia es ser la comunidad de los que creen y siguen a Cristo y lo reconocen como su Señor y Salvador. Esta fe en la persona de Jesucristo configura una forma de relacionarse con las demás personas y con la naturaleza. De una forma muy clara y explícita lo ha dicho el papa Francisco en muchas de sus intervenciones:

> La Iglesia no es una organización asistencial, una empresa, una ONG, sino que es una comunidad de personas, animadas por la acción del Espíritu Santo, que han vivido y viven la maravilla del encuentro con Jesucristo.

Desde esta animación del Espíritu Santo, y siendo fieles al mensaje de Jesús que envía a sus discípulos a anunciar la llegada del reino de Dios, es desde donde la Iglesia realiza toda su misión asistencial y de promoción del ser humano sin distinción de raza o religión. Es cierto que coincide con muchas organizaciones laicas que también realizan un trabajo por los demás, pero la motivación y la identidad con las que los cristianos realizan su misión son totalmente distintas. La Iglesia no busca ningún tipo de publicidad o proselitismo al dedicarse a los demás. Si fuera así, estaría alejándose de la gratuidad y generosidad con la que Jesús pidió que se ayudara al prójimo.

> *Tú, en cambio, cuando hagas limosna, que no sepa tu mano izquierda lo que hace tu derecha.*
>
> Mt 6,3

Es claro que la Iglesia no es una ONG, pero si los cristianos dejaran de amar y trabajar por la justicia, si olvidaran el compromiso que tienen con los pobres y desamparados, con los emigrantes, los enfermos, los que han perdido la esperanza..., no estarían viviendo en plenitud su fe cristiana, sino que habrían perdido una parte esencial de su identidad, que es la misión de construir la civilización del amor. Esta no solo se edifica cubriendo las necesidades materiales de las personas, cosa que otras instituciones pueden hacer, sino amando y viendo en el otro no solo a una persona necesitada que solicita ayuda, sino a un hermano a quien hay que acompañar y al que hay que anunciarle la buena noticia del evangelio, para mantener siempre viva la esperanza en la salvación que Jesucristo ha traído para toda la humanidad.

Modelos de construcción de un mundo más justo. Cáritas y Manos Unidas

Aunque hay muchas instituciones, campañas y proyectos en los que se concreta la actividad caritativa de la Iglesia, fjaremos el estudio en Cáritas y Manos Unidas.

VOCABULARIO

ONG: estas siglas significan "organización no gubernamental". Se utiliza para definir a aquellas instituciones y organizaciones que no pertenecen al gobierno de las naciones y que desempeñan una labor social sin ánimo de lucro. Suelen financiarse con donaciones privadas y servirse de la ayuda de voluntarios para desarrollar sus proyectos.

Interior de la iglesia de san Jerónimo el Real de Madrid

Cáritas nació en 1897 en la ciudad de Friburgo (Alemania). Fue fundada por el padre Lorenz Werthmann como una organización dedicada a las obras de caridad, como respuesta a la necesidad de hacer un mundo más justo y fomentar la promoción humana. Progresivamente se fue extendiendo por todo el mundo para cubrir, desde una visión cristiana del ser humano, muchas necesidades de personas que no eran atendidas por nadie y quedaban abandonadas a su suerte. Hoy Caritas Internationalis es una de las más amplias redes humanitarias del mundo, pues congrega a más de doscientos países. Distribuye alimentos, material para refugiados, agua y medicinas. Afronta la pandemia del sida en muchas partes del mundo o las consecuencias del cambio climático, ayudando a los pueblos a convertirse en protagonistas de su propio desarrollo. Colabora con las comunidades en la construcción de la paz, reuniendo a pueblos divididos para poner fin a los conflictos de una manera no violenta y promoviendo el bien común través del diálogo. Denuncia las injusticias económicas, fortaleciendo a las poblaciones y las comunidades pobres para que desafíen las políticas, costumbres o actitudes internacionales que sean injustas. Todos reconocen en Cáritas una forma explícita y concreta de cómo la Iglesia hace presente el reino de Dios en el mundo. Al margen de creencias o inclinaciones políticas, nadie niega la labor social y de trabajo por la justicia que desempeña Cáritas de una manera desinteresada y con una gran transparencia y excelente gestión. En España nació en 1942 y hoy palía muchas situaciones de pobreza extrema gracias al trabajo de voluntarios y a las donaciones económicas de numerosas personas.

La historia de Manos Unidas comenzó en 1955, a raíz de un llamamiento de la ONU para luchar contra el hambre en el mundo. En 1959, las mujeres de Acción Católica de España tomaron el testigo y lanzaron la primera campaña contra el hambre en nuestro país, a partir de la cual se fue configurando la actual Manos Unidas. Hoy sigue luchando contra el hambre y apoyando a las poblaciones más vulnerables del planeta a través de organizaciones locales con las que trabaja en África, América Latina y Asia. Manos Unidas da prioridad a las comunidades más aisladas, las que tienen un índice de desarrollo humano más bajo, las que no cuentan con otras ayudas. Apoya a mujeres y hombres que viven en condiciones de pobreza extrema y riesgo de exclusión, promoviendo derechos inherentes a cada persona con independencia de su sexo, raza o religión. Manos Unidas se inspira en el evangelio y en la doctrina social de la Iglesia para llevar adelante su misión de erradicar el hambre en el mundo.

ONG	Sector	Web
San Vicente de Paúl	Mayores, infancia, familia	www.ssvp.es
San Juan de Dios	Enfermos	www.sanjuandedios-fjc.org
Fe y Alegría / Entreculturas	Educación	www.entreculturas.org
Justicia y Paz	Derechos humanos	www.juspax-es.org

APLICAMOS

1 Reflexiona y contesta a la siguiente pregunta.

Según el semanario especializado *The Economist*, la Iglesia es la organización no gubernamental más grande del mundo.

- ¿Es la Iglesia una ONG?
- ¿Qué rasgos diferencian a una ONG de la Iglesia?
- ¿Qué ONG conoces que formen parte de la Iglesia y a qué se dedican?

1 Tecnología y desarrollo humano

Entidades como Cáritas, CEDIS, CONFER, Justicia y Paz, Manos Unidas y REDES han impulsado una campaña que hace reflexionar sobre el uso indiscriminado que hacemos de los recursos naturales y sobre cómo orientar la técnica a la resolución de problemas concretos.

"Si cuidas el planeta, combates la pobreza"

La campaña subraya la idea de que la cultura ecológica no puede reducirse a una serie de respuestas a corto plazo a los problemas que surgen en relación con la degradación medioambiental, el agotamiento de los recursos naturales o la contaminación global. Debe ser la suma de tener una mirada diferente, un pensamiento, una política, un programa educativo y una espiritualidad que aborden un estilo de vida más austero y coherente frente al consumo ilimitado y al avance del paradigma tecnocrático.

Es urgente ampliar el foco y orientar la técnica al servicio de otro tipo de progreso, más sostenible e integral. La liberación del paradigma tecnocrático dominante es posible cuando, por ejemplo, la técnica se orienta principalmente a resolver los problemas concretos de los más necesitados, con el compromiso de ayudarlos a vivir con más dignidad y menos sufrimiento, pues no solo hay que educar sobre el cuidado del medioambiente, sino también en vivir en el respeto al otro en el entorno.

1 Piensa y contesta.

- ¿En qué consiste la mirada diferente que presenta esta campaña?
- ¿Consideras que nuestra sociedad está consumiendo como si los recursos naturales fueran ilimitados?
- ¿Qué tipo de progreso sería el más indicado para superar el paradigma tecnocrático?

2 La civilización del amor

Construir una nueva civilización donde todos los seres humanos tengan cabida solo es posible desde un diálogo sincero y un respeto por las identidades de cada uno.

Diálogo entre las culturas para una civilización del amor y la paz

"El diálogo entre las culturas surge como una exigencia intrínseca de la naturaleza misma del hombre y de la cultura. El diálogo lleva a reconocer la riqueza de la diversidad y dispone los ánimos a la recíproca aceptación, en la perspectiva de una auténtica colaboración, que responde a la originaria vocación a la unidad de toda la familia humana. Como tal, el diálogo es un instrumento eminente para realizar la civilización del amor y de la paz, como el ideal en el que hay que inspirar la vida cultural, social, política y económica de nuestro tiempo. Al inicio del tercer milenio es urgente proponer de nuevo la vía del diálogo a un mundo marcado por tantos conflictos y violencias, desalentado a veces e incapaz de escrutar los horizontes de la esperanza y de la paz. El diálogo entre las culturas se ve hoy particularmente necesario si se considera el impacto de las nuevas tecnologías de la comunicación en la vida de las personas y de los pueblos. El libre aluvión de imágenes y palabras a escala mundial está transformando no solo las relaciones entre los pueblos a nivel político y económico, sino también la misma comprensión del mundo. Este fenómeno ofrece múltiples potencialidades en otro tiempo impensables, pero presenta también algunos aspectos negativos y peligrosos.

El hecho de que un número reducido de países detente el monopolio de las 'industrias' culturales, distribuyendo sus productos en cualquier lugar de la Tierra a un público cada vez mayor, puede ser un potente factor de erosión de las características culturales. Son productos que contienen y transmiten sistemas implícitos de valor y, por tanto, pueden provocar en los receptores unos efectos de expropiación y pérdida de identidad".

Mensaje del papa san JUAN PABLO II en la Jornada de la Paz

1 Analiza y responde.

- ¿Qué propone el papa Juan Pablo II como elemento indispensable para conseguir la unidad de toda la familia humana?
- ¿Qué riesgos presenta, en su opinión, el impacto de las nuevas tecnologías?
- ¿Consideras que puede ser un riesgo para nuestra cultura la influencia que pueden ejercer los medios de comunicación sobre la población?

3 Impulsores de una nueva humanidad

Muchas veces no se conocen las iniciativas eclesiales en favor de los más pobres. La Iglesia, a través de sus parroquias, también realiza actuaciones comprometidas con los más necesitados como una forma concreta de llevar la buena noticia a todas las personas.

Hospitalidad en las parroquias de Madrid

Desde que comenzó la crisis de refugiados en Europa en 2015, varias parroquias madrileñas se han movilizado para acoger a inmigrantes, algunas abriendo sus puertas de forma literal y otras ayudando en el pago de alquileres y gastos o en la la búsqueda de viviendas cedidas por congregaciones religiosas para poder ser habitadas por los refugiados.
"Estoy muy contento", dice a Efe Tarek (nombre ficticio), de 22 años, que hace más de dos llegó con su familia procedente de un país de Oriente Medio para pedir asilo.
Tras agotar los recursos de las Administraciones acabaron en la ONG Pueblos Unidos,que, a su vez, los puso en contacto con la parroquia de Nuestra Señora de Guadalupe para impulsar una comunidad de acogida entre los feligreses.
La parroquia está involucrada con la acogida a inmigrantes desde que en 2015 el arzobispo de Madrid, Carlos Osoro, instara en una de sus cartas pastorales a ponerse "manos a la obra". Allí, una de las comunidades de laicos dispuesta a acoger a inmigrantes formó en 2017 la asociación A2I (Ayuda, Acoge e Integra) para dar respuesta a las necesidades de todos los inmigrantes. Los gastos de la vivienda, como la luz y el agua, corren a cargo de los miembros de la asociación, quienes también comparten momentos de ocio con el grupo, acompañan al médico cuando es necesario y echan una mano con el idioma y los trámites administrativos.
"Me apetece seguir en España, voy a tener mi futuro en este país para casarme aquí, trabajar aquí y ayudar a la gente como me ha ayudado".
"Hay bastantes parroquias involucradas, pero tenemos que avanzar", afirma el delegado de Migraciones de la Archidiócesis de Madrid, Rufino García. El religioso defiende el papel de "hospitalidad" de la Iglesia, aunque cree que no debe suplir a las Administraciones, al entender que son las que deberían dar una respuesta en la acogida a inmigrantes.

1 Lee y contesta.

- ¿Qué opinas sobre esta iniciativa de la Iglesia? ¿La conocías?
- ¿Te parece interesante la asociación A2I? ¿Crees que basta con proporcionar ayuda material?
- ¿Debe la Iglesia sustituir la labor social de las instituciones públicas?

Resumimos

es.smSiloe.com
RESUMO
Ruleta de palabras

1 Tecnología y desarrollo humano

- El paradigma tecnocrático busca la efectividad, la eficacia y la productividad como valores exclusivos, sin tener en cuenta la solidaridad y la igualdad.
- Solo desde el consumo razonable, el cuidado del planeta y el respeto a todos los seres humanos que vivimos en él se podrá conseguir una sociedad justa y que pueda vivir en paz.

es.smSiloe.com
ME AUTOEVALÚO
¿Qué he aprendido?

Sin embargo, es posible volver a ampliar la mirada, y la libertad humana es capaz de limitar la técnica, orientarla y colocarla al servicio de otro tipo de progreso más sano, más humano, más social, más integral. La liberación del paradigma tecnocrático reinante se produce de hecho en algunas ocasiones. Por ejemplo, cuando comunidades de pequeños productores optan por sistemas de producción menos contaminantes, sosteniendo un modelo de vida, de gozo y de convivencia no consumista. O cuando la técnica se orienta prioritariamente a resolver los problemas concretos de los demás, con la pasión de ayudar a otros a vivir con más dignidad y menos sufrimiento.

Laudato Si' 112

2 La civilización del amor

- Mirar a la persona como prójimo y ayudarla en sus problemas y necesidades es la manera de no deshumanizar nuestro mundo.
- Solo con el sentimiento de indignación ante las injusticias que sufren otras personas no se ayuda a la construcción de la civilización del amor. La compasión y el cuidado constante son imprescindibles.
- La civilización del amor se debe asentar en valores fundamentales como la vida, la comunión, la participación, la libertad, la verdad, la justicia, la paz y el amor.

La finalidad inmediata de la doctrina social es la de proponer los principios y valores que pueden afianzar una sociedad digna del hombre. Entre estos principios, el de la solidaridad en cierta medida comprende todos los demás. Este constituye uno de los principios básicos de la concepción cristiana de la organización social y política. El comportamiento de la persona es plenamente humano cuando nace del amor, manifiesta el amor y está ordenado al amor.

Compendio de la Doctrina Social de la Iglesia, 580

3 Impulsores de una nueva humanidad

- El cristiano ha de entender la vida como servicio para hacer presente el reino de Dios.
- No se puede confundir a la Iglesia con una gigantesca ONG. La Iglesia es mucho más que eso. Su elemento esencial es ser comunidad cristiana que confiesa su fe en Jesucristo, al que sigue y en el que encuentra la salvación.
- La Iglesia continuamente está impulsando y sosteniendo iniciativas que fomentan la construcción de un mundo más justo y solidario.

Descubriéndose amado por Dios, el hombre comprende la propia dignidad trascendente, aprende a no contentarse consigo mismo y a salir al encuentro del otro en una red de relaciones cada vez más auténticamente humanas. Los hombres renovados por el amor de Dios son capaces de cambiar las reglas, la calidad de las relaciones y las estructuras sociales: son personas capaces de llevar paz donde hay conflictos, de construir y cultivar relaciones fraternas donde hay odio, de buscar la justicia donde domina la explotación del hombre por el hombre.

Compendio de la Doctrina Social de la Iglesia, 4

EN LA CULTURA

Música que cambia el mundo

La música es un arte mucho más fácil de sentir que de explicar o definir. No es posible poner palabras a lo que la música provoca en las personas cuando la escuchan. Vivimos permanentemente rodeados por música, y muchos de los momentos importantes de nuestra vida están acompañados de alguna canción que nos ha marcado y que nos hace recordar situaciones muy especiales. Todo cantante, como artista que es, se retrata en su música y la convierte en una manera de transmitir sus sentimientos y sus deseos profundos.

- ¿Cómo sería la vida sin música?
- Cuando escuchas una canción que te gusta, ¿qué te hace sentir?
- ¿Tienes asociada alguna canción a algún momento importante de tu vida?

Trabajamos como
dos locomotoras a todo vapor
Y olvidamos que el amor
Es más fuerte que el dolor
Que envenena la razón
Somos víctimas así de nuestra propia
tonta creación
Y olvidamos que el amor
Es más fuerte que el dolor
Que una llaga en tu interior
Los hermanos ya no se deben pelear
Es momento de recapacitar
Es tiempo de cambiar
It's time to change
Es tiempo de cambiar
It's time to change
Es tiempo de saber
Pedir perdón
Es tiempo de cambiar
En la mente de todos
El odio por amor
It's time to change
Si te pones a pensar
La libertad no tiene propiedad
Quiero estar contigo, amor
Quiero estar contigo, amor
Quiero estar contigo, amor
Si aprendemos a escuchar
Quizás podamos juntos caminar
De la mano hasta el final
Yo aquí y tú allá
De la mano hasta el final
Los hermanos ya no se deben pelear
Es momento de recapacitar

El cantante colombiano Juanes

Juanes nació el 9 de agosto de 1972 en Medellín (Antioquia - Colombia). Su carrera artística comenzó a finales de los años ochenta. Es un hombre muy entregado a su familia y durante un tiempo abandonó su carrera musical para dedicarse plenamente a ella. Su compromiso con la paz ha sido notable y desde el arte de la música ha ayudado a promover el proceso de paz en Colombia. Ejemplo de ello son los grandes conciertos que ha organizado en varios países bajo el título de Paz Sin Fronteras. Todo este esfuerzo por trabajar por la paz le ha valido la admiración internacional y también la de grandes personalidades como el expresidente estadounidense Barack Obama. Juanes dirige en la actualidad la fundación Mi Sangre, que atiende a las víctimas de minas contra personas, a discapacitados y a personas con diferentes adicciones. Su vida es coherente con su música. Sobre la música Juanes ha afirmado lo siguiente: "La música fue un salvavidas durante mi convulsionada juventud, por la violencia que generó el narcotraficante Pablo Escobar en Medellín, mi ciudad natal. A mis 15 años me tocó vivir el Medellín más convulsionado de la historia. Un Medellín muy difícil: lleno de bombas, asesinatos, secuestros. Ahí perdí amigos y familiares".

La fundación Mi Sangre impulsa el programa "Puedo cambiar el mundo", que tiene como objetivo proponer ideas para mantener la paz en Medellín, ciudad que ha sido puesta como ejemplo por la ONU por su transición de guerra a nido de paz y esperanza.

[APLICAMOS]

6 **Nos unimos en grupos de cuatro personas para componer una canción. Para realizar esta actividad cada miembro del grupo traerá la letra de una canción que sea significativa para él. Compondréis una única canción utilizando estrofas de las cuatro canciones que hayáis traído. Intentad que la canción final revele algo de vosotros, de vuestras ilusiones, esperanzas y deseos para el mundo.**

EN LA BIBLIA

Una tierra nueva

Para los cristianos es necesario comprometerse en la transformación de la realidad para colaborar en la construcción del reino de Dios. El último libro de la Biblia, el Apocalipsis, está escrito con un lenguaje lleno de simbolismo y metáforas. La escatología –o lo que es lo mismo, el final de los tiempos– es uno de sus temas principales.

APOCALIPSIS 21,1-7

Un cielo y una tierra nuevos

Y vi un cielo nuevo y una tierra nueva,
pues el primer cielo y la primera tierra
1 *desaparecieron, y el mar ya no existe.*
2 *Y vi la ciudad santa, la nueva Jerusalén*
que descendía del cielo, de parte de Dios,
3 *preparada como una esposa que se ha*
adornado para su esposo. Y oí una gran voz
desde el trono que decía:
—He aquí la morada de Dios entre los hombres,
4 *y morará entre ellos, y ellos serán su pueblo, y él*
"Dios con ellos" será su Dios.
Y enjugará toda lágrima de sus ojos,
y ya no habrá muerte, ni duelo, ni llanto,
ni dolor, porque lo primero ha desaparecido.
5 *Y dijo el que está sentado en el trono:*
—Mira, hago nuevas todas las cosas.
Y dijo:
—Escribe: estas palabras son fieles y verdaderas.
Y me dijo:
6 *—Hecho está. Yo soy el Alfa y la Omega,*
el principio y el fin. Al que tenga sed yo le daré
de la fuente del agua de la vida gratuitamente.
El vencedor heredará esto:
7 *yo seré Dios para él, y él será para mí hijo.*

1 El mar ya no existe

El mar no existe en esa tierra nueva porque, para la Biblia, el mar es símbolo del mal. En efecto, para Israel, el mar era una realidad que resultaba lejana y desconocida (no así para los fenicios, por ejemplo), y habitualmente era vivida como hostil y peligrosa.

2 Nueva Jerusalén

En esta visión con la que se cierra el libro del Apocalipsis –y la Biblia– se describe el futuro último: la salvación para los amigos de Dios. Esta salvación está descrita en clave de novedad: un cielo nuevo y una tierra nueva, y una ciudad, Jerusalén, también renovada. La fotografía es del monasterio de la Nueva Jerusalén, cerca de Moscú. Fue fundado en 1656.

Pertenece a la Iglesia ortodoxa y está inspirado en este pasaje del Apocalipsis.

3 Una esposa

Personificar es atribuir vida, acciones o cualidades propias de las personas a los animales o a las cosas inanimadas. En la Biblia es frecuente que las naciones o los pueblos se personalicen en mujeres. Por ejemplo, referido a Babilonia dice: "Baja a sentarte en el suelo, joven Babilonia; siéntate en tierra, sin trono, capital caldea" (Is 47,1a). Y referido a Jerusalén: "No temas, no quedarás en ridículo; nadie te afrentará ni te sonrojará. Olvidarás la vergüenza de tu soltería, dejarás de recordar el oprobio de tu viudez; pues tu esposo es tu creador" (Is 54,4-5a). Por eso no puede llamar demasiado la atención la imagen de Jerusalén personificada en una novia el día de su boda.

4 Morará entre ellos

El texto alude a una de las fórmulas más importantes con que en la Biblia se describe la relación entre Dios y su pueblo, Israel: "Yo seré su Dios y ellos serán mi pueblo" (*cf.* Ex 6,7 y Jr 32,38). La esencia de esa fórmula, como se indica, es la convicción de la cercanía de Dios, de que vivirá en medio de su pueblo. "Y la Palabra se hizo carne y puso su tienda entre nosotros" (Jn 1,14).

5 Sentado en el trono

Aunque no se diga con claridad, ese que está sentado en el trono es el propio Dios. Es una de las imágenes preferidas que emplea la Biblia para hablar de él: como un rey que está en el salón del trono del palacio real. Aunque Jesús nunca llama a Dios "rey", sino "padre"; sin embargo, sí habla del "reino de Dios".

Trono de Carlomagno. Catedral de Aquisgrán (Alemania)

Icono de Jesucristo. Brescia (Italia)

6 El Alfa y la Omega

Alfa y omega son la primera letra y la última del alfabeto griego, la lengua en la que se escribió el libro del Apocalipsis. Como dice el texto, representan el principio y el final, y se aplican a Dios, que es quien pronuncia las palabras. Es una manera de decir que Dios es señor del tiempo y de la historia. Sin embargo, en la tradición cristiana, "alfa y omega" se dice sobre todo de Jesús. La razón es que, para los cristianos, Jesús es la máxima manifestación de Dios en la historia.

7 Yo seré Dios para él, y él será para mí hijo

La fórmula recuerda claramente la que se pone en labios de Dios en el texto que está en la base de la esperanza mesiánica de la Biblia: "Yo seré para él un padre y él será para mí un hijo" (2 Sam 7,14), que es lo que le dice Dios a David a través del profeta Natán refiriéndose al descendiente del rey –el Mesías– que se sentaría en el trono de Jerusalén. Jesús llama a Dios *abba* ('papaíto').

[APLICAMOS]

6 **Cuenta e inventa.**

– Imagina que eres el evangelista Juan y que tienes que describir tus visiones de cómo te gustaría que fuese un mundo pleno y feliz. Utiliza símbolos que sean familiares para ti y tu entorno. Utiliza siempre al comienzo de la frase el verbo ver.".

Proyecto didáctico
Raquel Alcalde Díaz, José Luis Centeno Puig, Antonio Roura Javier, José Laguna Matute

Autoría
Roberto Carrillo

Edición
Antonio Roura

Corrección
Ricardo de Pablo

Ilustración
iStock; Nicolás Castell Juarez; Shutterstock

Fotografía
ONG MANOS UNIDAS, Miguel Castaño, Infinito Más Uno, Cáritas España, house-of-one.org, ©2019 Trollbäck Company I globalgoals.org / ONU (Organización de las Naciones Unidas), Pedro Olmedo, Archidiócesis de Madrid, Marvel Entertainment/Twentieth Century Fox; Sonsoles Prada / Archivo SM; Susana Vicente Galende / MUSEO ARQUEOLÓGICO NACIONAL; CONTACTO; EFE; Oronoz; PRISMA; ALAMY IMAGES; Thinkstock;123RF; Shutterstock; 5W Infographic; iStock; Getty Images; Age Fotostock; Album; ARCHIVO SM; Seminario Conciliar de Madrid.

Diseño y Maquetación
Amparo Hernández

Coordinación técnica y de diseño
Carmen Corrales

Coordinación editorial
José Laguna Matute

Dirección editorial
Pedro Miguel García

Este libro corresponde al Cuarto curso de Educación Secundaria y forma parte de los materiales curriculares del proyecto editorial Siloé de Ediciones SM-PPC que ha sido debidamente supervisado y autorizado por la Comisión Episcopal de Enseñanza y Catequesis con fecha 30 de abril de 2019.

Todas las actividades contenidas en este libro han de ser realizadas en un cuaderno aparte, nunca en el propio libro. Los espacios incluidos son meramente indicativos y su finalidad es puramente didáctica.

Parque Empresarial Prado del Espino
C/ Impresores, 2
28660 Boadilla del Monte (Madrid)
ISBN: 978-84-9182-460-2
Depósito legal: M-4184-2019
Impreso en la UE / Printed in EU